V&R

Emily M. Engelhardt

# Lehrbuch Onlineberatung

Mit 16 Tabellen

Vandenhoeck & Ruprecht

Bibliografische Information der Deutschen Nationalbibliothek:
Die Deutsche Nationalbibliothek verzeichnet diese Publikation in der Deutschen Nationalbibliografie; detaillierte bibliografische Daten sind im Internet über http://dnb.de abrufbar.



Umschlagabbildung: © sdecoret – Adobe Stock

Satz: SchwabScantechnik, Göttingen
Druck und Bindung: ⊕ Hubert & Co. BuchPartner, Göttingen
Printed in the EU

**Vandenhoeck & Ruprecht Verlage | www.vandenhoeck-ruprecht-verlage.com**

ISBN 978-3-525-71147-7

# Inhalt


Einleitung ........................................ 9

1 Einführung in die Onlineberatung ........................ 13
1.1 Begriffliche Einordnung ........................ 13
1.2 Entwicklungsgeschichte der Onlineberatung ............... 18
1.3 Professionalisierung und Qualitätsstandards ............... 20
1.4 Qualifizierung ........................ 25
1.5 Chancen und Grenzen von Onlineberatung ............... 28

2 Mediatisierung und Digitalisierung ........................ 31
2.1 Bedeutung und Nutzung digitaler Medien und des Internets 32
2.2 Mediatisierung des Alltags und Auswirkungen auf die Beratung ........................ 37
2.2.1 Die Fachkraft als Medium? ........................ 38
2.2.2 Medieneinsatz in der Beratung ........................ 39
2.2.3 Digitale Medien in der Beratung ........................ 40
2.3 Anforderungen an Beratungsfachkräfte ........................ 41
2.4 Aufgaben der Institutionen, die Beratung anbieten .......... 42
2.5 Konsequenzen für die Ausbildung von Beratungsfachkräften 43

3 Onlinekommunikation und Schreiben ........................ 45
3.1 Onlinekommunikation ........................ 45
3.1.1 Synchrone Onlinekommunikation ........................ 46
3.1.2 Asynchrone Onlinekommunikation ........................ 46
3.2 Besonderheiten von Onlinekommunikation ................ 47
3.2.1 Onlinekommunikation als verarmte Kommunikation 47
3.2.2 Onlinekommunikation als textuelle Kommunikation 48
3.2.3 Zeit, Raum und Kontext in der Onlinekommunikation 49
3.2.4 Onlinekommunikation als digitale Kommunikation 49
3.3 Besonderheiten der Sprache im Internet ........................ 52
3.3.1 Oraliteralität ........................ 52
3.3.2 Online-Sprache ........................ 53
3.4 (Gruppen-)Dynamik im Netz ........................ 54
3.5 Schreiben als professionelle Intervention ........................ 56

**4 Formen und Felder der textbasierten Onlineberatung** ........ 59
4.1 Instrumente der textbasierten Onlineberatung ............. 59
4.1.1 Mailberatung ........................................ 59
4.1.2 Chatberatung ........................................ 62
4.1.3 Forenberatung ....................................... 64
4.1.4 Messenger-Beratung .................................. 66
4.2 Beratungskonzepte ........................................ 67
4.2.1 Onlineberatung durch Fachkräfte ..................... 67
4.2.2 Onlineberatung durch Peer-Berater*innen ............. 68
4.2.3 Beratung durch andere Nutzer*innen .................. 69
4.3 Einsatzfelder und Organisationsformen von Onlineberatung 70
4.4 Online-Supervision und Online-Coaching ................... 71

**5 Methoden der textbasierten Onlineberatung** ............... 73
5.1 Grundhaltungen für die Onlineberatung .................... 73
5.1.1 Neutralität und Neugier ............................. 74
5.1.2 Empathie und Wertschätzung .......................... 75
5.1.3 Kongruenz und Transparenz ........................... 75
5.1.4 Konstruktivismus .................................... 76
5.2 Lesetechniken ............................................ 77
5.3 Strukturierungshilfen .................................... 81
5.3.1 Das Integrative Qualitätssicherungsmodell (IQSM) .... 81
5.3.2 Das 14-Schritte-Programm zur Beantwortung einer Mail 83
5.3.3 Das 4-Folien-Konzept ................................ 86
5.4 Mailberatungsprozesse gestalten .......................... 89
5.5 Forenberatungsprozesse gestalten ......................... 98
5.5.1 Umgang mit Störungen im Forum ....................... 99
5.5.2 Umgang mit Beiträgen anderer Forennutzer*innen ...... 99
5.6 Chatberatungsprozesse gestalten .......................... 100
5.7 Fragetechniken für die Onlineberatung .................... 104

**6 Schwierige Kommunikationssituationen** ..................... 107
6.1 Erkennen und Einschätzen von Krisensituationen ........... 107
6.2 Fakes versus Inszenierungen in der Onlineberatung ........ 112
6.3 Vielschreiber*innen ...................................... 113
6.4 Kontaktabbrüche .......................................... 116
6.5 Stagnierende Beratungen .................................. 117

7 Onlineberatung per Video ... 119
7.1 Was ist Videoberatung? ... 119
7.2 Vor- und Nachteile von Videoberatung ... 120
7.3 Praxistipps für die Umsetzung einer Beratung per Video 122
7.3.1 Organisatorische Voraussetzungen ... 122
7.3.2 Technische Voraussetzungen ... 123
7.4 Argumente für (und gegen) die Videoberatung ... 123

8 Blended Counseling ... 127
8.1 Begriffliche Einführung ... 127
8.2 Blended Counseling-Konzepte ... 128
8.2.1 Umsetzungskonzepte von Blended Counseling ... 129
8.2.2 Entscheidungsindikatoren ... 132
8.3 Voraussetzungen und Rahmenbedingungen für Blended Counseling in der Praxis ... 134
8.4 Blended Online Counseling und Blended Media ... 136

9 Qualitätssicherung online ... 137
9.1 Supervision und Intervision online ... 137
9.2 Selbstreflexion der Beratungsfachkraft ... 141
9.3 Ressourcen- und Personalmanagement ... 142
9.4 Feedback- und Beschwerdemanagement ... 143
9.5 Software ... 144
9.5.1 Auswahl der Medien für die Onlineberatung ... 146
9.5.2 Gestaltung der Webseite ... 147

10 Organisatorische und rechtliche Aspekte von Onlineberatung ... 149
10.1 Finanzierungsmöglichkeiten für Träger und Einrichtungen ... 149
10.2 Finanzierungsmöglichkeiten für freiberuflich oder selbständig tätige Onlineberater*innen ... 150
10.3 Rechtliche Aspekte ... 151
10.3.1 Datensicherheit und Datenschutz ... 152
10.3.2 Anbieterkennzeichnung ... 155

**11 Ausblick – what's next!?** ........ 157
11.1 Onlineberatung als Zukunft der Beratung? ........ 157
11.2 Ersetzt der Computer die Fachkraft? ........ 159
11.3 Von Chatbots, Apps und Virtual Reality ........ 160
11.4 Schreiben versus Sprechen – die Sprache als Interface ........ 161
11.5 Zukunftsaufgaben für die psychosoziale Beratung ........ 162

**Literatur** ........ 165

**Code für Download-Material** ........ 172

# Einleitung

Wie kann es gelingen, hilfesuchende Menschen über das Internet zu erreichen und zu beraten? Das ist die zentrale Fragestellung dieses Buches und beschreibt die Notwendigkeit, Beratungsangebote zu gestalten, die über die klassischen Face-to-Face- oder telefonischen Beratungsmöglichkeiten hinausgehen.

Die fortschreitende Digitalisierung und Mediatisierung unserer Alltagswelt hat inzwischen auch massive Auswirkungen auf die Beratung. In vielen Bereichen hat sich der Einsatz internetgestützter Medien zur Anbahnung und Gestaltung von Beratungsgesprächen bereits etabliert. Onlineberatung findet im psychosozialen Beratungskontext, aber auch im Feld von Coaching und Supervision immer häufiger statt. Berater*innen müssen, um zukunftsfähig zu bleiben, heute in der Lage sein, Ratsuchende mit Hilfe unterschiedlicher Kommunikationswege zu begleiten und zu unterstützen.

## Zum Inhalt und Aufbau des Buchs

Damit Onlineberatung gelingen kann, benötigen Fachkräfte unterschiedliche Kompetenzen, die dieses Lehrbuch vermittelt. Die einzelnen Kapitel bauen aufeinander auf, sind jedoch in sich geschlossen, sodass auch einzelne Kapitel unabhängig voneinander gelesen werden können. Zur Selbstreflexion und vertiefenden Auseinandersetzung mit den Inhalten gibt es in den einzelnen Kapiteln kleine Übungen.

In Kapitel 1 erhalten Sie zunächst eine »Einführung in die Onlineberatung« und lernen die Entstehungsgeschichte sowie die Bedeutung von Professionalisierung und Qualitätsstandards kennen. Es werden Qualifizierungserfordernisse ebenso benannt wie mögliche Chancen und Grenzen dieses Beratungsangebots.

Kapitel 2 bietet wichtige Hintergründe zur »Mediatisierung und Digitalisierung« und deren Auswirkungen auf die Beratung. Es werden daraus resultierende Anforderungen und Konsequenzen für Berater*innen, Institutionen und die Ausbildung beschrieben.

In Kapitel 3 geht es um die Themen »Onlinekommunikation und Schreiben«, welche für die Onlineberatung elementare Besonderheiten darstellen. Diese müssen Berater*innen kennen und mit ihnen fachgerecht umgehen können. Es werden wichtige Aspekte der Schriftlichkeit und deren Potenziale behandelt.

Die aktuellen »Formen und Felder der textbasierten Onlineberatung« werden in Kapitel 4 vorgestellt. Neben den Instrumenten der Onlineberatung (wie Mail und Chat) werden unterschiedliche Beratungskonzepte thematisiert und Einsatzfelder und Organisationsformen beschrieben. Vorgestellt werden sowohl klassische Non-Profit-Felder als auch Möglichkeiten der Online-Supervision und des Online-Coaching.

Kapitel 5 schafft einen Überblick über die wichtigsten »Methoden der textbasierten Onlineberatung«. Nach einer Einführung in hilfreiche Grundhaltungen werden Lesetechniken und Strukturierungshilfen angeboten, anhand derer Mail-, Foren- und Chatberatungsprozesse gestaltet werden können. Nützliche Fragetechniken für die Onlineberatung runden dieses Kapitel ab.

Das Kapitel 6 thematisiert »schwierige Kommunikationssituationen« und greift Aspekte wie Suizidalität, Kontaktabbrüche und stagnierende Beratungen auf. Es werden zudem Hinweise zum Umgang mit Fakes und Vielschreiber*innen gegeben.

Im Kapitel 7 wird mit der »Onlineberatung per Video« ein nicht-textgebundenes Format vorgestellt. Anhand von konkreten Praxistipps erhalten Sie Hinweise zur Gestaltung und Durchführung sowie zu möglichen Vor- und Nachteilen eines solchen Angebots.

Wie eine systematische Verknüpfung von Onlineberatung und anderen Beratungssettings gelingen kann, wird im Kapitel 8 thematisiert, in dem es um »Blended Counseling« geht. Es werden unterschiedliche Konzepte sowie Voraussetzungen und Rahmenbedingungen beschrieben.

Das Kapitel 9 setzt sich mit dem Thema »Qualitätssicherung online« auseinander. Hierzu werden Aspekte wie (Online-)Supervision, Selbstreflexion, Ressourcen- und Personalmanagement sowie Feedback- und Beschwerdemanagement diskutiert. Hinweise zum Thema Software und zur Umsetzung eines Onlineberatungsangebots schließen dieses Kapitel ab.

Die Dimension der »organisatorischen und rechtlichen Aspekte« von Onlineberatung werden in Kapitel 10 eröffnet. Neben den unterschiedlichen Finanzierungsmöglichkeiten werden vor allem datenschutzrechtliche Gesichtspunkte dargestellt.

Das abschließende Kapitel 11 wagt einen kleinen Ausblick auf das, was zukünftig in Hinblick auf das Thema Onlineberatung erwartet werden kann, und formuliert Zukunftsaufgaben für die psychosoziale Beratung und deren professionelle Akteur*innen.

Folgende Symbolik erleichtert die Orientierung im Buch:
- Übung
- zentrale Merksätze oder Begriffe
- Hinweise zu Weblinks
- Literaturempfehlung
- Praxistipps
- Hinweis auf Zusatzmaterial

### Hinweise zu den Fallbeispielen und Übungen

Um die Anonymität der Ratsuchenden zu bewahren, sind die in diesem Lehrbuch verwendeten Fallbeispiele alle fiktiv. Sie sind jedoch nah an »echten« Onlineberatungsfällen und somit sehr realistisch dargestellt, daher auch ohne Rechtschreib- und Grammatikkorrektur. Die Zitate der Onlineberater*innen, die in den einzelnen Kapiteln zu finden sind, stammen aus Gesprächen, die ich mit Onlineberater*innen zu unterschiedlichen Aspekten ihrer Arbeit geführt habe. Die Namen sind frei erfunden, um auch die Anonymität dieser Personen zu bewahren.

Die Übungen dienen der Selbstreflexion und können abschnittweise bearbeitet werden. Zu einzelnen Übungen gibt es Zusatzmaterial ( ), das über die Website zu diesem Buch abrufbar ist.

### Dank

Ein Buch schreibt man nie ganz allein. Viele Gespräche und der Austausch mit anderen (Online-)Berater*innen, Studierenden der Sozialen Arbeit der TH Nürnberg und Teilnehmer*innen von Fort- und Weiterbildungen der Onlineberatung haben einen wesentlichen Beitrag zur Entstehung dieses Lehrbuchs geleistet.

Mein Dank gilt zuallererst Professor Richard Reindl, der mir in den letzten Jahren ermöglicht hat, meine Erfahrungen in Sachen Onlineberatung im Rahmen des Instituts für E-Beratung einzubringen und von seinem Wissensschatz zu lernen und zu profitieren. Meinen Redaktionskolleg*innen des E-Beratungsjournals danke ich für den inzwischen langjährigen fachlich wie auch persönlich bereichernden Austausch. Ebenso Michael Zenner, der in der ersten Korrekturphase wichtige Rückmeldungen zu Inhalt und Form des Manuskripts gegeben hat sowie Joachim Wenzel für die Unterstützung bei datenschutzrechtlichen Fragen. Danken möchte ich auch meiner Lektorin, die mich mit Ruhe und Gelassenheit im Entstehungsprozess begleitet und mit hilfreichen Anmerkungen und Ideen angeregt hat, weiterzudenken, wenn der Prozess bei mir einmal stockte.

Ohne die Unterstützung meiner Familie (und deren Bereitschaft, die eine oder andere vor allem zeitliche Entbehrung zu dulden,) hätte dieses Buch nicht in einem überschaubaren Zeitraum entstehen können. Ihr danke ich ganz besonders.

Vor allem gilt mein Dank – und Respekt! – allen Klient*innen und Kund*innen, die ich, seitdem ich 2001 mit Onlineberatung begonnen habe, unterstützen und begleiten durfte. Von ihnen habe ich am meisten gelernt.

# 1 Einführung in die Onlineberatung

»Ich bin jetzt schon seit neun Jahren Onlineberater und noch immer fasziniert von den Möglichkeiten dieser Beratungsform. Als ich damals von meiner Chefin gefragt wurde, ob ich die Onlineberatung bei uns aufbauen will, war ich noch skeptisch: Geht das wirklich? Ist es möglich, jemanden, der Hilfe sucht, nur per Mail zu beraten? Heute kann ich sagen: Ja, es funktioniert! Und oft denke ich mir, hätte es sowas nur schon zu meiner Zeit als Jugendlicher gegeben - ich hätte es gut gebrauchen können!« (Matthias, Onlineberater)

Was genau ist eigentlich Onlineberatung? Um den Gegenstand dieses Lehrbuchs einzugrenzen, ist zunächst eine Begriffsbestimmung notwendig.

Hierzu werden in diesem Kapitel unterschiedliche Definitionen vorgestellt und diskutiert. Es findet außerdem eine Abgrenzung zu nicht psychosozialen Beratungsbereichen sowie zur Online-Therapie statt. Ein weiterer Abschnitt geht auf die bisherige Entwicklungsgeschichte der Onlineberatung im deutschsprachigen Raum ein. Ein Überblick über den Stand der Professionalisierung der Onlineberatung sowie bislang vorliegender Standards bildet den Schluss dieses Kapitels.

## 1.1 Begriffliche Einordnung

Wenn im Zusammenhang dieses Lehrbuchs von Onlineberatung die Rede ist, geht es immer um Onlineberatung im psychosozialen Kontext. Nicht gemeint sind Formen von Onlineberatung, wie sie beispielsweise im Rahmen der Kundenbetreuung von Banken oder Versicherungen stattfindet oder

Programme, die einem beim Kauf eines Autos, der Wahl eines Kleidungsstücks oder ähnlichem beraten.

In der Literatur findet man zahlreiche Definitionen von Onlineberatung, die sich vor allem in der Betonung verschiedener Kriterien unterscheiden. So gibt es Definitionen, die eher die technische Seite betonen und Onlineberatung als »computerunterstützte, medial vermittelte und interaktiv stattfindende Beratung« (Gehrmann, 2010, S. 106) beschreiben. Die in dieser Beschreibung genannte Interaktion stellt einen wesentlichen Aspekt von Onlineberatung heraus: Es handelt sich um wechselseitige Kommunikation, bei der Menschen unter der Zuhilfenahme von unterschiedlichen Medien miteinander im Austausch sind.

An dieser Stelle kann also eine erste Abgrenzung zu automatisierten Systemen vorgenommen werden, bei denen ein Mensch mit einem »Bot-System«, also einer virtuellen, künstlichen Person interagiert und eine softwaregesteuerte Antwort erhält. Dass diese Systeme in Zukunft auch in der psychosozialen Beratung zunehmend eine Rolle spielen werden, ist anzunehmen. Das letzte Kapitel dieses Buchs beschäftigt sich deshalb auch mit diesen Formen von internetgestützter Beratung.

Onlineberatung ist demnach eine Beratungsform, bei der Menschen mit Hilfe von digitalen Medien miteinander in Kontakt treten und kommunizieren können. Der Einsatz dieser Medien ermöglicht folglich auch erst das Zustandekommen und Gestalten des Beratungsprozesses.

Eine andere Definition setzt den Schwerpunkt auf die Art der Beziehung und die Möglichkeiten der Beziehungsgestaltung durch die Ratsuchenden.

> »Psychologische Online-Beratung ist eine aktive, helfende Begegnung resp. Beziehung zwischen einem/einer Ratsuchenden und einer/einem psychologischen BeraterIn. Sie findet virtuell im Internet mittels dessen spezifischen Kommunikationsformen (E-Mail, Chat, Forum etc.) statt, wobei die KlientInnen Ort und Zeitpunkt der Problemformulierungen selber bestimmen.« (Andermatt, Flury, Eidenbenz, Lang, Theunert, 2003, S. 2)

In dieser Definition der Kommission Fortbildung Online-Beratung (KFOB) der Föderation der Schweizer Psychologinnen und Psychologen (FSP) fallen zwei Punkte besonders auf: Zum einen steckt in dieser Beschreibung schon ein Hinweis auf die textgebundene Form der Kommunikation, zum anderen wird der Ort, an dem die Beratung stattfindet (im Internet), benannt. Anzumerken ist, dass die Beschreibung, dass die Beratung »virtuell« im Internet stattfindet, sprachlich nicht ganz zutreffend und sachlich nicht richtig ist. Die Beratung ist durchaus reell, sie findet jedoch im virtuellen Raum des Internets statt.

In der Tat ist es so, dass in der psychosozialen Beratungsszene Onlineberatung nach wie vor meistens als textbasierte Form der Beratung verstanden wird (Eichenberg & Kühne, 2014, S. 43) und die Eigenheiten dieser Kommunikationsform besonders betont werden (→ Kapitel 4).

In der Definition von Andermatt et. al. (2003) werden mit E-Mail, Chat und Forum bereits unterschiedliche textgebundene Kommunikationsmedien der Onlineberatung genannt, auf die in Kapitel 4 noch einmal ausführlicher eingegangen wird.

Etwas offener formuliert ist die in der Satzung der *Deutschsprachigen Gesellschaft für psychosoziale Onlineberatung* (DGOB) *e. V.* aufgeführte Beschreibung.

> »Onlineberatung versteht sich als besonders niedrigschwelliges Verfahren durch unbegrenzte Zugangsmöglichkeiten über das Internet rund um die Uhr. Es ergänzt die bestehenden psychosozialen Beratungsverfahren durch internet-gestützte, im Regelfall anonyme und nach dem jeweiligen Stand der Technik abgesicherte, verschlüsselte Online-Beratung [sic!].« (DGOB e. V., 2016, S. 1)

Auffällig an dieser Definition ist, dass hier die Form der Kommunikation – ob textgebunden oder nicht – offenbleibt. Genannt werden aber weitere wichtige Charakteristika von Onlineberatung, wie die Rund-um-die-Uhr-Erreichbarkeit, die Möglichkeit zur Anonymität und die einzuhaltenden technischen Standards, die in → Kapitel 9.4 behandelt werden.

Betrachtet man die bisherige Entwicklungsgeschichte der Onlineberatung (→ Kapitel 1.2), wird deutlich, dass Onlineberatung aufgrund der rasanten technischen Entwicklungen, die Auswirkungen auf unsere Kommunikations- und Beziehungsgestaltung und damit auch auf die Beratung hat (→ Kapitel 2), einem steten Wandel unterliegt. Insofern werden in den nächsten Jahren erweiterte und neue Definitionen von Onlineberatung entstehen.

Die folgende Definition stellt den Versuch einer möglichst breiten Beschreibung dar, indem sie davon ausgeht, dass

> »Onlineberatung sämtliche Formen der Beratung einschließt, die auf die Infrastruktur des Internets angewiesen sind, um den Prozess der Beratung zu gestalten und die sowohl synchron/asynchron textgebunden (Forum, Einzelberatung, Chat) als auch synchron und textungebunden via Videochat,

> Avataren oder Internettelefonie stattfinden können. Ebenso sind Mischformen denkbar, wenn im Videochat nebenbei geschrieben werden kann oder beim Einsatz von Avataren über das Mikrofon gesprochen wird.« (Engelhardt & Storch, 2013, S. 4 f.)

Onlineberatung findet demnach über das Internet vermittelt statt und ist auf die Nutzung unterschiedlicher digitaler Medien zur Gestaltung des Kommunikationsprozesses angewiesen. → Tabelle 1 bietet eine Übersicht über die unterschiedlichen Medien (→ Kapitel 3.1.1 und 3.1.2), die in der Onlineberatung zum Einsatz kommen.

**Tabelle 1:** Übersicht über die unterschiedlichen Medien der Onlineberatung

| | Textbasiert | Nicht-textbasiert |
|---|---|---|
| **Synchron** | Chat, Messenger | Video, Internettelefonie, Avatare |
| **Asynchron** | Mail, Forum | Sprachnachrichten, Videonachrichten |

### Abgrenzung zur Online-Therapie und anderen Formen internetgestützter Hilfs- und Unterstützungsangebote

Im Zusammenhang mit Onlineberatung tauchen häufig auch die Begriffe eHealth und eMental-Health auf. Die Europäische Kommission definiert eHealth folgendermaßen:

> »eHealth is the use of ICT [Information and Communication Technology] in health products, services and processes combined with organisational change in healthcare systems and new skills, in order to improve health of citizens, efficiency and productivity in healthcare delivery, and the economic and social value of health. eHealth covers the interaction between patients and health-service providers, institution-to-institution transmission of data, or peer-to-peer communication between patients and/or health professionals.« (European Commission, 2012, o. S.)

Diese Definition macht deutlich, dass eHealth als eine Art Sammelbegriff für unterschiedlichste Aspekte der Schnittstelle von Internet und Medizin verwendet wird.

»Der Begriff E-Mental-Health beschreibt die Zusammenhänge von digitalen Medien und psychischer Gesundheit« (Eichenberg, 2012, S. 132) und schließt somit beide Begriffe – Onlineberatung und Online-Therapie – ein.

Ebenso wie die Übergänge zwischen Beratung und Therapie häufig fließend sind, so verschwimmen auch bei den Begriffen Onlineberatung und Online-Therapie häufig die Grenzen. Betrachtet man beispielsweise die Definition von Barak und Grohol (2011) zum Begriff Online-Therapie als »intervention that is administered individually or in groups by a trained mental-health professional, and may occur via e-mail, chat, forums, and audio or video« (Barak & Grohol, 2011, S. 160), so wird deutlich, dass viele der darin genannten Aspekte auch für die Onlineberatung gelten. In Deutschland liegen gesetzliche Voraussetzungen vor, die Therapeut*innen und Heilpraktiker*innen eine ausschließliche Fernbehandlung ohne vorherigen persönlichen Kontakt nicht gestatten (§ 5 Abs. 5 (Muster-)Berufsordnung PP/KJP; Artikel 2 Abs. 4 Berufsordnung für Heilpraktiker). Gleiches galt auch viele Jahre für Ärzt*innen (§ 7 Abs. 4 MBO-Ä). Auf dem 121. Ärztetag im Mai 2018 wurde eine Änderung des in § 7 Abs. 4 MBO-Ä statuierten Behandlungsgrundsatzes zur Fernbehandlung von Patient*innen beschlossen, sodass nun grundsätzlich auch ohne vorherigen persönlichen Arzt*Ärztin-Patient*innen-Kontakt eine Beratung und Behandlung möglich sein soll. Es ist davon auszugehen, dass diese Entscheidung in den nächsten Jahren auch Auswirkungen auf die Berufsordnungen der anderen Heilberufe haben wird.[1]

Onlineberatung hingegen darf auch ohne vorherigen Face-to-Face-Kontakt erfolgen. Online stattfindende therapeutische Interventionen sowie computergestützte Programme fallen demnach in die Kategorie »Online-Therapie« bzw. »E-Therapie« und unterscheiden sich auch hinsichtlich der Finanzierungsmöglichkeiten des Angebots, da therapeutische beziehungsweise medizinische Angebote in der Regel von den Krankenkassen übernommen werden.

1 Mehr Informationen hierzu:
http://www.bundesaerztekammer.de/fileadmin/user_upload/downloads/pdf-Ordner/121.DAET/121_Beschlussprotokoll.pdf (aufgerufen 15.06.2018);
https://www.bptk.de/uploads/media/20060117_musterberufsordnung.pdf (aufgerufen 15.06.2018);
https://www.bdh-online.de/wp-content/uploads/2015/08/Berufsordnung-Heilpraktiker_2015_210x297_20150814.pdf (aufgerufen 15.06.2018).

## 1.2 Entwicklungsgeschichte der Onlineberatung

Beratung ist ein zentraler Begriff der Sozialen Arbeit und Sozialpädagogik und beschreibt

> »einerseits eine eigenständige Methode, praktiziert in Beratungsstellen und -sprechstunden oder in aufsuchenden Angebotsformen. Gleichzeitig zieht sich Beraten auch als Querschnittsmethode durch alle anderen Hilfeformen wie Betreuung, Pflege, Einzelfallhilfe, Gruppen- und Gemeinwesenarbeit, sozialpädagogische Bildungsmaßnahmen etc.« (Nestmann & Sickendiek, 2001, S. 140)

Onlineberatung findet in Deutschland vor allem als Beratungsangebot von Beratungsstellen (z. B. Erziehungs-, Sucht- oder Schuldnerberatungsstellen) statt. Wobei der Gedanke der aufsuchenden Form des Angebots hierbei durchaus eine wichtige Rolle spielt, da mit der Einführung von Onlineberatungsangeboten auch der Tatsache Rechnung getragen wird, dass sich bestimmte Zielgruppen besonders viel und gerne im Internet aufhalten und dort mit dem Angebot der Onlineberatung erreicht werden können.

Seit etwa 1995 existiert Onlineberatung in Deutschland. Damals ging die Telefonseelsorge (TS) als erste große Beratungseinrichtung mit einem Onlineberatungsangebot online. Dass sie der erste Anbieter eines professionellen Onlineberatungsangebots war, ist eine logische Folge der Haltung, die die TS als Beratungsanbieter verfolgt: Sie nutzt »konsequent die medialen Möglichkeiten« (Wenzel, 2008, S. 90), um ihre Ratsuchenden zu erreichen. Mit der beginnenden Verbreitung des Internets, Mitte der 1990er-Jahre, begann also auch die Entwicklungsgeschichte der Onlineberatung. Beratungsstellen, die bislang in der Präsenzberatung und/oder telefonisch beraten hatten, erhielten nun auch Mails von Ratsuchenden und mussten sich mit der Frage beschäftigen, wie mit diesen umzugehen ist.

In den folgenden Jahren entstanden weitere Onlineberatungsangebote wie *sextra* der pro familia (1996), die *kids-hotline.de* (1999) und *das-beratungsnetz.de* (2001). Während dieser »Pionierphase, die im Wesentlichen von learning by doing gekennzeichnet war und in der wenig objektiviertes Wissen über Onlineberatung zur Verfügung stand« (Reindl, 2015, S. 55), erschienen die ersten wissenschaftlichen Arbeiten und Publikationen, die das Themenfeld der Beratung im Internet behandelten. Besonders hervorzuheben sind hier die von Döring 1999 veröffentlichte *Sozialpsychologie des Internet* sowie van Wells Dissertation *Psychologische Beratung im Internet* aus dem Jahr 2000, die eine vergleichende Untersuchung der traditionellen Beratung mit der Onlineberatung darstellt.

Neben den Angeboten der großen Träger (z. B. bke (2003), Deutsche Aidshilfe (2005), Caritas (2006)) gingen nun auch kleinere Träger mit themenspezifizierten Beratungsangeboten online (z. B. Schattenriss-Onlineberatung (2010) und Violetta Onlineberatung (2012)).

Mangels eines deutschlandweiten Registers aller Onlineberatungsstellen, gibt es keine genaue Zahl, wie viele Beratungsstellen auch online beraten. Es kann jedoch davon ausgegangen werden, dass inzwischen alle Beratungsstellen, die über eine Website verfügen und eine Kontaktmöglichkeit über diese zur Verfügung stellen, auch mit Anfragen über den Online-Kanal konfrontiert sind und hierfür mal mehr, mal weniger professionelle Lösungsmöglichkeiten gefunden haben.

Dass das Spektrum von Onlineberatungsangeboten sehr weit ist, zeigt → Kapitel 4. Onlineberatung ist keineswegs nur ein Angebot für jüngere Zielgruppen, wie es in den ersten Jahren der Beratung im Netz der Fall war. So gibt es inzwischen auch Angebote für ältere Menschen, Menschen mit Behinderung etc.

→ Tabelle 2 veranschaulicht die Meilensteine der Entwicklung der Onlineberatung im deutschsprachigen Raum.

**Tabelle 2:** Übersicht über die Meilensteine der Entwicklung der Onlineberatung im deutschsprachigen Raum

| Jahr | Meilenstein |
|---|---|
| 1995 | Erstes Onlineberatungsangebot der Telefonseelsorge (allgemeine Lebensberatung) |
| 1996 | sextra.de der pro familia (Sexualberatung) |
| 1999 | kids-hotline.de (Jugendberatung)<br>Nicola Döring: *Sozialpsychologie des Internet* (Veröffentlichung) |
| 2000 | Frank van Well: *Psychologische Beratung im Internet* (Veröffentlichung) |
| 2001 | das-beratungsnetz.de (bis 2006 mit Selbsthilfeforum) (zentrale Beratungsplattform)<br>Einführung Gütezeichen für psychologische Onlineberatung vom Berufsverband Deutscher Psychologinnen und Psychologen |
| 2003 | bke-Onlineberatung (Jugend- und Erziehungsberatung)<br>Birgit Knatz & Bernard Dodier: *Hilfe aus dem Netz* (Veröffentlichung)<br>Start der Onlineberatung der katholischen Ehe-, Familien- und Lebensberatung |
| 2004 | Ausbildungslehrgang zur Onlineberatung, Wien |
| 2005 | Onlineberatung der Aidshilfe<br>Gründung der Deutschen Gesellschaft für Onlineberatung e. V.<br>Gründung des e-beratungsjournals (Fachzeitschrift) |

| Jahr | Meilenstein |
|---|---|
| 2006 | Onlineberatung der Caritas (Zentrales Portal mit themenbezogenem Beratungsangebot von A-Z) |
| 2008 | Gründung der Studienwerkstatt Onlineberatung an der Georg-Simon-Ohm-Hochschule Nürnberg (Qualifizierungsmöglichkeit in Onlineberatung für Studierende der Sozialen Arbeit)<br>1. Fachforum Onlineberatung (Fachtagung) |
| 2009 | Onlineberatung der Diakonie<br>Stefan Kühne & Gerhard Hintenberger: *Handbuch Online-Beratung* (Veröffentlichung) |
| 2011 | Gemeinsames Ausbildungs-Curriculum (Träger-Arbeitskreis) |
| 2012 | Gründung des Instituts für E-Beratung an der Georg-Simon-Ohm-Hochschule Nürnberg (heute Technische Hochschule Nürnberg - Georg Simon Ohm) |
| 2014 | Qualitätskriterien für Onlineberatung (Forschungsprojekt) |
| 2017 | Initiative zur »Digitalisierung des Sozialen Sektors« mit dem Ziel: Onlineberatung auszubauen und konzeptionell weiterzuentwickeln (BMFSFJ und Spitzenverbände der Freien Wohlfahrtspflege) |
| 2018 | *Qualitätsstandards für Onlineinterventionen für Fachpersonen im Bereich Beratung* der Föderation der Schweizer Psychologinnen und Psychologen (Veröffentlichung) |

## 1.3 Professionalisierung und Qualitätsstandards

Für alle Formen der psychosozialen Beratung gilt, dass sie nicht ohne einen hohen Grad an Professionalität angeboten werden können. So stellt Gehrmann (2010) auch für die Onlineberatung fest, dass »für eine gelingende Professionalisierung und Institutionalisierung der Onlineberatung fachlich begründete Qualitätsstandards und eine angemessene Fort- und Weiterbildung« (S. 113) notwendig sind.

Im Hinblick auf die Institutionalisierung von Onlineberatung identifizieren Eichenberg & Kühne (2014) drei Stufen der Entwicklung und kennzeichnen den ersten Zeitraum von 1995 bis 2002 als Vorstufe der Institutionalisierung. Zu dieser Zeit wurde »weitestgehend über unverschlüsselte E-Mail-Clients« (Eichenberg & Kühne, 2014, S. 36) beraten. Angebote wie die *kids-hotline* haben zu diesem Zeitpunkt vor allem die Beratung im öffentlichen Forum betrieben. Aber auch im Chat (z. B. sorgenchat.de) konnten sich Hilfesuchende melden.

In diesen ersten Jahren der Onlineberatung wurde viel experimentiert und ausprobiert. Qualitätsstandards lagen zu dieser Zeit noch nicht vor.

Ein erster Vorstoß in dieser Richtung wurde vom Berufsverband Deutscher Psychologinnen und Psychologen vorgenommen, der 2001 ein Gütezeichen für psychologische Onlineberatung einführte. Zu den Kriterien für den Erwerb dieses Gütezeichens gehörten

> »neben einem Nachweis des Diploms in Psychologie oder einem vergleichbaren Abschluss an einer europäischen Hochschule der Nachweis der Qualifikation in Gesprächsführung und Krisenintervention. Qualitätszeicheninhaber gehen berufsethische Verpflichtungen ein und wahren die Anonymität ihrer Klienten. Sie beantworten Anfragen zeitnah und weisen Nutzer auf Grenzen und Möglichkeiten der Online-Beratung hin.« (Schaffmann, 2001, o. S.)

Eine spezifische Qualifikation für die Onlineberatung wurde an dieser Stelle jedoch noch nicht verlangt. Der Hinweis auf die Grenzen und Möglichkeiten dieser Form der Beratung ist ebenfalls charakteristisch für diese Phase der Entwicklung (Wenzel, 2013a, S. 106). In diesen Zeitraum fällt auch eine der ersten Nutzer*innenbefragungen aus dem Jahr 2002, die Hinweise über die Erwartungen der Ratsuchenden an die Onlineberatung und Gründe für die Nutzung sowie ihre Zufriedenheit mit dieser Form der Beratung und der Leistung der Beratenden gibt (Hinsch & Schneider, 2002).

Mit dem Jahr 2003 begann nach Eichenberg und Kühne (2014) die Phase der annähernden Institutionalisierung, die sich durch eine immer stärkere Professionalisierung der Onlineberatung auszeichnet. Diese Phase ist durch einen verstärkten fachlichen und wissenschaftlichen Diskurs zur Onlineberatung gekennzeichnet.

Auch der Bereich der Aus- und Weiterbildungsmöglichkeiten für Onlineberatung entwickelte sich fortan. 2004 startete in Wien der erste Lehrgang zur Onlineberatung und weitere Seminare und umfassende Qualifizierungsmöglichkeiten für Fachkräfte in Deutschland folgten kurze Zeit später. An den Hochschulen trat das Thema Onlineberatung nun auch in Seminaren und Vorlesungen in Erscheinung. Bislang einzigartig ist in diesem Bereich das Angebot der Technischen Hochschule Nürnberg, die seit 2008 den Student*innen der Sozialen Arbeit eine studienbegleitende Qualifizierung zu zertifizierten Onlineberater*innen ermöglicht. Im gleichen Jahr fand in Nürnberg auch das erste Fachforum Onlineberatung statt, das sich zur wichtigsten Fachtagung für Onlineberatende entwickelt hat und seitdem jährlich in Kooperation mit unterschiedlichen Trägern stattfindet. Schon ein Jahr später wurden in Wien die Tage der Onlineberatung mit unterschiedlichen Qualifizierungsworkshops angeboten.

Mit der Gründung der *Deutschen Gesellschaft für Onlineberatung* (inzwischen umbenannt in *Deutschsprachige Gesellschaft für psychosoziale Onlineberatung*) im Jahr 2005 wurde ein weiterer Schritt zur Institutionalisierung der Onlineberatung gegangen. Im gleichen Jahr wurde das *e-beratungsjournal* (www.e-beratungsjournal.net) als Fachzeitschrift für Onlineberatung und computervermittelte Kommunikation gegründet. Die Diskussion um Qualitätsstandards nahm nun Fahrt auf und die unterschiedlichen Träger und Einrichtungen formulierten Richtlinien und Rahmenbedingungen für die Onlineberatung (z. B. Verein Wiener Sozialprojekte/check it! (2006), Deutscher Caritasverband e. V. (2007), Deutscher Arbeitskreis für Jugend-, Ehe- und Familienberatung (2010)) (Engelhardt, 2013). Es entstehen erste Ausbildungscurricula und Konzeptionen, die Kühne (2012) in seiner Masterthesis mit dem Titel *Qualitätsmanagement in der psychosozialen Onlineberatung* einer systematischen Analyse unterzieht.

Am Rande des Fachforums Onlineberatung in Nürnberg bildete sich eine Arbeitsgruppe verschiedener Träger von Onlineberatung, die 2011 im Rahmen eines gemeinsam verabschiedeten Curriculums Mindeststandards für die Ausbildung von Onlineberatenden festlegten (Engelhardt, 2013, S. 111).

Im Jahr 2012 wurde an der Technischen Hochschule Nürnberg das Institut für E-Beratung (www.e-beratungsinstitut.de) gegründet, welches sich mit Forschungs- und Entwicklungsprojekten im Bereich internetbasierter Beratungsangebote beschäftigt.

In dieser Phase der Entwicklung fand eine erste intensivere Form der Erforschung von Onlineberatung statt. Da inzwischen einige Jahre Praxiserfahrung vorliegen, gibt es einen beträchtlichen Datenbestand, der im Rahmen von Evaluationsstudien (z. B. Eichenberg zur Wirksamkeit und Wirkweise der Online-Sexualberatung der pro familia, 2007) ausgewertet werden kann. Diese Daten und Ergebnisse aus unterschiedlichen Nutzer*innenbefragungen (z. B. Zenner & Oswald zur Beurteilung des Modellprojekts zur Onlineberatung der Katholischen Bundeskonferenz für Ehe-, Familien- und Lebensberatung (KBK), 2006) liefern wichtige Erkenntnisse für die Weiterentwicklung der Onlineberatung.

Noch offen ist nach Eichenberg und Kühne (2014), wann diese Phase abgeschlossen und die vollständige Institutionalisiertheit der Onlineberatung vollzogen sein wird. Diese dritte Phase wäre dann folgendermaßen gekennzeichnet:

»Standards und Normen für die Onlineberatung werden dann allgemein anerkannt sein und stehen nicht mehr in Frage. Es gibt dann in dieser Phase eine breite theoretische Grundlage für das praktische Handeln und die normative Reflexion über das Arbeitsfeld Onlineberatung wird wieder abnehmen (weil vieles bereits erforscht sein wird).« (Eichenberg & Kühne, 2014, S. 38)

Die Autoren weisen zu Recht darauf hin, dass dieser Schritt eine gewisse Problematik mit sich bringt, da unklar ist, wie sich aufgrund der fortschreitenden Mediatisierung und Digitalisierung unserer Alltagswelt (→ Kapitel 2) und aufgrund der Entwicklung immer neuer digitaler Medien die Onlineberatung weiterentwickeln wird (Eichenberg & Kühne, 2014). Bei diesen Entwicklungen mit entsprechenden Konzepten, Methoden, Standards und Qualitätskriterien zu reagieren, wird die größte Herausforderung für die Zukunft sein.

Was macht nun gute Onlineberatung aus? Auf den ersten Blick lautet die Antwort vermutlich: hochqualifizierte Beratungskräfte, deren Angebot auf einer Plattform mit den höchsten Standards für eine datensichere Kommunikation stattfindet. Hier muss nun aber eine vertiefte Betrachtung der einzelnen Punkte stattfinden, um zu einer tragfähigen und seriösen Beschreibung von Güte in der Onlineberatung zu kommen. Die Ratsuchenden selbst werden ihrerseits eine gute Beratung an ganz unterschiedlichen Aspekten festmachen: Hat mir die Beratung geholfen, mein Problem zu lösen? War mir mein*e Berater*in sympathisch? Habe ich mich verstanden und angenommen gefühlt? Wurde mir schnell geantwortet? usw.

Um die Qualität von Onlineberatung messen zu können, können demnach unterschiedliche Befragungsszenarien auch unterschiedliche Ergebnisse hervorbringen. Reindl (2015) stellt fest:

»Ein einheitlicher Standard bzw. ein einheitliches Set an verbindlichen Qualitätsanforderungen existiert bislang nicht. Dabei wäre u. a. gerade dies der Schlüssel für die weitere Institutionalisierung und Professionalisierung der Onlineberatung bzw. für die Anerkennung durch potentielle Kostenträger.« (S. 57)

Mit Beginn der stärkeren Professionalisierung von Onlineberatung haben sich die Träger von Onlineberatungsangeboten in verschiedenen Arbeitsgruppen mit Qualitätsaspekten für Onlineberatung beschäftigt. So werden beispielsweise Zugang, Erreichbarkeit und Wahlfreiheit der Ratsuchenden sowie die Vernetzung des Angebots mit weiteren Diensten, Trägern und Portalen genannt. Außerdem finden Aspekte wie technische Sicherheit, Anwendungsbereiche von Onlineberatung und Personalkoordination Berücksichtigung. Entsprechende Qualifikationserfordernisse werden ebenso benannt (pro familia-Bundesverband, 2004; Mitgliederversammlung der KBK-EFL, 2012; Bundeskonferenz der Erziehungsberatungsstellen, 2016).

All diese Papiere eint, dass die fortlaufende Entwicklung der Qualitätskriterien, insbesondere im Hinblick auf die stetigen Veränderungen und Neuerungen in der virtuellen Welt, als notwendig erachtet wird und eine damit einhergehende Selbstverpflichtung, dieser nachzukommen, formuliert wird.

Eine 2014 abgeschlossene Studie beschäftigte sich mit den Qualitätskriterien für Onlineberatung. Die Ergebnisse lassen sich in vier Kategorien (1. allgemeine Qualitätsmerkmale, 2. organisationsbezogene Qualitätsmerkmale, 3. Qualitätsmerkmale in Bezug auf Beratung und Beratende und 4. technikbezogene Qualitätsmerkmale) aufteilen, denen jeweils entsprechende Aspekte zugeteilt werden können (Reindl, 2015). Die nachfolgende Übersicht (→ Tabelle 3) veranschaulicht die erste Kategorie der allgemeinen Qualitätsmerkmale.

**Tabelle 3:** Übersicht über die allgemeinen Qualitätsmerkmale von Onlineberatung (in Anlehnung an Reindl, 2015)

| Qualitätskriterien | Aspekte |
|---|---|
| Zielgruppenorientierung | Optische und inhaltliche Gestaltung der Webseite<br>Barrierefreiheit |
| | Einsatz geeigneter Beratungsmedien<br>Niedrigschwelligkeit |
| | Spezifischer Beratungsansatz |
| Transparenz des Angebots | Qualifizierung und Ausbildung der Beratenden |
| | Erreichbarkeit des Angebots<br>Informationen über Kosten und ggf. Zahlungsmodalitäten |
| | Leistungen und Grenzen des Angebots<br>Grad der zugesicherten Anonymität bzw. Speicherung und ggf. Weitergabe von Daten |
| Qualitätssicherung | Klare Definition der Verantwortlichkeiten und Zuständigkeiten<br>Mindeststandards und qualitätsrelevante Regeln |
| | Maßnahmen zur Beseitigung von Problemen<br>Schritte zur Qualitätsentwicklung |
| Ethische Gesichtspunkte | Bewusstsein über internetspezifische Besonderheiten<br>Verlinkung nur zu Seiten, die ethischen Standards entsprechen |
| | Wertschätzende und empathische Grundhaltung<br>Anerkennen und Kommunizieren eigener Grenzen |

An ähnlichen Kriterien orientiert sich die Föderation der Schweizer Psychologinnen und Psychologen, die Anfang 2018 auf ihrer Webseite Qualitätskriterien für Onlineinterventionen für Fachpersonen im Bereich Beratung bzw. Psychotherapie veröffentlichte. https://www.psychologie.ch/politik-recht/berufspolitische-projekte/onlineinterventionen/(aufgerufen 23.03.2018).

Ein aus Sicht der Ratsuchenden weiterer wichtiger Qualitätsaspekt ist die Reaktionszeit der Berater*innen. Diese sollte bei Erstkontakten nicht über 48 Stunden liegen. Im weiteren Beratungsverlauf können Berater*in und Ratsuchende*r individuelle Antwortzeiträume vereinbaren, die je nach Onlineberatungskonzept und Anliegen des*der Ratsuchenden variieren können.

Die Bedeutung von technischen Qualitätsstandards (→ Kapitel 9) sowie die Notwendigkeit der Klärung von organisatorischen Aspekten (→ Kapitel 10) sind als ebenso wichtig einzuschätzen wie eine hohe fachliche Qualifizierung der Beratenden, auf die im nächsten Punkt eingegangen wird.

## 1.4 Qualifizierung

Für die Onlineberatung haben sich inzwischen unterschiedliche Qualifizierungsangebote entwickelt. Weiterhin gehört Onlineberatung aber nicht zu der grundständigen Beratungsausbildung, die nach wie vor auf den unmittelbaren Kontakt zwischen Berater*innen und Ratsuchenden fokussiert.

Wie bereits deutlich wurde, findet Onlineberatung unter Zuhilfenahme unterschiedlicher Medien statt. Insbesondere die textbasierten Formen von Onlineberatung (E-Mail, Forum, Chat) stellen für Beratende eine besondere Herausforderung dar und erfordern spezifische Kompetenzen (Knatz, 2008)

Die Reduktion auf schriftliche Sprache, ohne die Möglichkeit kontextualisierende Merkmale wie Gestik und Mimik wahrzunehmen, stellt auf der einen Seite die besondere Herausforderung, auf der anderen Seite aber auch die besondere Chance von Onlineberatung dar, wie Lang (2002) feststellt:

> »Gerade darin liegt eine Stärke der Onlineberatung. Der Berater hat kein Bild im Kopf, er wird nicht mit dem unausweichlich sanften Stempel des Gegenübers in eine Richtung festgelegt. […] Er wird also nichts wissen, eigentlich so wenig wie der Berater im Zimmer auch, aber er weiss, dass er nichts oder wenig weiss. Er lässt sich weniger schnell täuschen vom trügerischen Eindruck, den Durchblick zu haben.« (S. 5)

Für Beratende bedeutet dies aber auch, dass sie sich nicht auf ihre bisher erlernten Parameter zur Einschätzung eines Ratsuchenden verlassen können. So bemerkt Knatz (2008):

> »Kenntnisse und Erfahrungen aus persönlichen Beratungsgesprächen lassen sich nicht eins zu eins auf die an die schriftliche Form gebundene Online-Beratung übertragen.« (S. 2)

Eine grundständige Beratungsausbildung (im konventionellen Face-to-Face-Beratungssetting) ist eine wichtige Grundlage und hilfreich, um grundlegende Prozesse in einer Beratung verstehen zu können (z. B. Übertragung und Gegenübertragung, Auftragsklärung, Umgang mit Störungen etc.), sie kann jedoch nicht allein zur Beratung im Onlinesetting qualifizieren.

Ein wichtiger Schritt zur Vereinheitlichung und damit auch zur qualitativen Anhebung von Ausbildungsstandards in der Onlineberatung wurde mit dem 2011 verabschiedeten trägerübergreifenden Ausbildungscurriculum Onlineberatung (Reindl, 2015) gegangen.

Im Rahmen dieses Curriculums wurden die unterschiedlichen notwendigen Kompetenzen für Onlineberater*innen aufgeführt, die da sind:

> »a) eine grundständige Beratungsqualifikation,
> b) eine Zusatzqualifikation in Onlineberatung (u. a. Kompetenzen in Onlinekommunikation, Methoden der Onlineberatung), die möglichst nach dem gemeinsamen Ausbildungscurriculum gestaltet ist,
> c) die Feldqualifikation im Kontext der Zielgruppe der Beratungseinrichtung,
> d) Kenntnisse der rechtlichen Rahmenbedingungen zur Onlineberatung (Verschwiegenheitspflicht, Zulässigkeit, Anzeigepflicht, Folgen unterlassener Hilfeleistung, etc.).« (Reindl, 2015, S. 62)

Somit wird also vorausgesetzt, dass Personen, die eine Qualifizierung in Onlineberatung anstreben, bereits eine Grundqualifizierung in Beratung besitzen. Die Ausbildung selbst kann dann auf diesen Kompetenzen aufbauen und die Beratenden zu den Besonderheiten von Onlineberatung zusätzlich schulen.

Eine hochwertige Ausbildung zum Onlineberater sollte einen Stundenumfang von mindestens 100 Unterrichtsstunden (im Blended Learning-Verfahren) nicht unterschreiten. Ebenso wird ein Selbsterfahrungsanteil in Form von einer durch erfahrene Mentoren begleiteten Fallpraxis empfohlen (Trägertreffen Onlineberatung, 2011).

Der Einstieg über die Grundlagen von Onlinekommunikation soll vor allem ein Bewusstsein dafür wecken, dass Onlineberatung keine Face-to-Face-Beratung in einem anderen Medium ist (Brunner, 2006). Es geht vielmehr darum, sich auf eine ganz neue Form der Kommunikation und Interaktion einzulassen und deren Spezifika für die Gestaltung eines Beratungsprozesses zu verinnerlichen.

Einige Träger bieten interne Ausbildungslehrgänge in Onlineberatung an, die nur für Mitarbeiter*innen der beteiligten Einrichtungen zugänglich sind (z. B. *bke-Onlineberatung*). Ein für externe Teilnehmer*innen zugängliches Qualifizierungsangebot, das die Bedingungen des trägerübergreifenden Ausbildungscurriculums Onlineberatung erfüllt, bietet beispielsweise die pro familia in ihrem Fortbildungsangebot an. Die Technische Hochschule Nürnberg ist die einzige Hochschule, die sowohl für die Studierenden der Sozialen Arbeit (studienbegleitend) als auch für externe Fachkräfte eine zertifizierte Weiterbildung in Onlineberatung anbietet. Linkliste

Die stetige Weiterentwicklung von virtualisierten Lebenswelten, technischen Möglichkeiten und daraus resultierenden Kommunikationsstrukturen erfordert einen fortlaufenden Qualifizierungsprozess. Onlineberatende müssen sich darüber bewusst sein, wie sich die fortschreitende Mediatisierung unserer Gesellschaft auch auf die Prozesse in der Onlineberatung auswirkt. Sie sind dazu aufgefordert, sich immer wieder den aktuellen Stand der Entwicklung anzueignen und sich fortzubilden. So gehört es auch zur Qualität von Onlineberatungsangeboten, dass die Anbieter*innen dieser dafür Sorge tragen, dass sich die Beratenden regelmäßig fortbilden können, um auf einem aktuellen Stand zu sein.

So definiert Reindl (2015) folgende Qualitätsmerkmale (→ Tabelle 4) in Bezug auf Beratung und Beratende, in denen die Qualifizierung der Beratenden aufgeführt ist.

Auch diese Qualitätsmerkmale werden dauerhaft auf dem Prüfstand stehen und weiterentwickelt werden müssen. Insbesondere datenschutzrechtliche Aspekte müssen wegen der sich verändernden Gesetzeslage immer auf einen neuen Stand gebracht werden. Aber auch die veränderte Mediennutzung und daraus resultierende neue Erfordernisse im Hinblick auf methodische Ansätze und den bedarfsgerechten Medieneinsatz in der Onlineberatung müssen Berücksichtigung finden.

**Tabelle 4:** Qualitätsmerkmale in Bezug auf Beratung und Beratende (in Anlehnung an Reindl, 2015)

| | |
|---|---|
| **Beratungsansatz und -konzept** | Klärung des favorisierten Beratungsansatzes und einer methodischen Präferenz<br>Akzeptierende Haltung und Beantwortung aller Anfragen<br>Kontinuität der Beratungsperson<br>Niedrigschwelligkeit des Angebots |
| **Qualifizierung der Beratenden** | Grundständige Beratungsqualifikation<br>Zusatzqualifikation in Onlineberatung<br>Feldqualifikation in Bezug auf die Zielgruppe des Angebots<br>Rechtliche Kenntnisse zu Rahmenbedingungen der Onlineberatung |
| **Dokumentation** | Art der Dokumentation<br>Ort der Dokumentation<br>Datenschutzrechtliche Bedingungen |
| **Fallbezogene Qualitätssicherung** | Fallbesprechungen<br>Supervision/Intervision<br>Fortbildungen<br>Evaluationen |

## 1.5 Chancen und Grenzen von Onlineberatung

Während einige Vorteile auf der Hand liegen, gibt es aber auch Grenzen, die beachtet werden müssen. Die Zuordnung zu Chancen oder Vorteilen der Onlineberatung erfolgt meist aus einer Nutzer*innen-Perspektive, während die Grenzen oder Nachteile zumeist aus der Berater*innen-Sicht definiert werden. Besonders jüngere Generationen von Berater*innen, die mit dem Internet aufgewachsen sind, sehen persönliche Vorteile in der Onlineberatung. Sie ermöglicht flexiblere Arbeitsmodelle (Telearbeit) und ein*e Bewerber*in mit einer vorhandenen Qualifizierung zum*zur Onlineberater*in ist für potenzielle Arbeitgeber*innen häufig eine interessante Option.

An Grenzen stößt die Onlineberatung in der Regel bei Anfragen mit therapeutischen Aufträgen oder akuten Krisen. Hier tauchen zum einen rechtliche Beschränkungen (→ Kapitel 10.3) auf, zum anderen können auch individuelle Grenzen erreicht werden.

Welche Vor- und Nachteile sehen Sie für Ihr beraterisches Handeln in der Onlineberatung? Wie könnten Ihre Klient*innen von der Onlineberatung profitieren? Und welche Grenzen sehen Sie sowohl für sich als auch für Ihre Ratsuchenden im Hinblick auf das Setting?

Die folgenden Übersichten (→ Tabelle 5 u. 6) zeigen die Vor- und Nachteile von Onlineberatung sowohl aus Berater*innen- als auch aus Klient*innen-Perspektive.

**Tabelle 5:** Vor- und Nachteile von Onlineberatung aus Klient*innen-Perspektive

| Klient*in | |
|---|---|
| **Vorteile** | **Nachteile** |
| - Möglichkeit der Anonymität<br>- Schnelle und Rund-um-die-Uhr-Erreichbarkeit<br>- Keine/kaum Wartezeit<br>- Austausch mit Gleichbetroffenen ggf. möglich<br>- Schreiben schafft Struktur, erste Selbstklärung möglich<br>- Räumliche Unabhängigkeit, Beratung kann von Zuhause in Anspruch genommen werden<br>- Kein Zeitdruck zu antworten, Zeit zum Schreiben<br>- Beratungsverlauf kann nachgelesen werden | - Unklarheit, wer die Anfrage lesen wird<br>- Schreiben ggf. zu hochschwellig<br>- Weniger klare Zeitstruktur<br>- Missverständnisse in der Onlinekommunikation ggf. größer<br>- Nicht für akute Krisensituationen geeignet |

**Tabelle 6:** Vor- und Nachteile von Onlineberatung aus Berater*innen-Perspektive

| Berater*in | |
|---|---|
| **Vorteile** | **Nachteile** |
| - Möglichkeit der Anonymität<br>- Kein Zeitdruck zu antworten, mehr Zeit zum Nachdenken und Ausformulieren<br>- Flexiblere Arbeitsmodelle möglich<br>- Dokumentation des gesamten Beratungsprozesses vorhanden | - Weniger Einschätzungsvariablen als in der Face-to-Face-Beratung<br>- Weniger Planbarkeit des Arbeitsaufkommens<br>- Gefahr der Überforderung durch ständige Erreichbarkeit<br>- Schnelles Eingreifen bei Krisen kaum möglich |

## Auf einen Blick

Onlineberatung beschreibt eine Form der Beratung, die sich seit Mitte der 1990er-Jahre entwickelt hat und mit Hilfe des Internets textbasiert oder nicht-textbasiert stattfindet. Die Themen Datenschutz und Technik spielen in der Onlineberatung eine wichtige Rolle. Onlineberater*innen müssen, nicht zuletzt aufgrund der Besonderheiten, die sich durch die medial unterstützten Kommunikationsformen ergeben, über spezifische Kenntnisse und (Methoden-)Kompetenzen verfügen.

# 2 Mediatisierung und Digitalisierung

Wir leben in einer Welt, die geprägt ist durch die Allgegenwart des Internets. Ein Leben ohne Smartphone und Tablet zur Gestaltung unserer beruflichen wie auch privaten Kommunikation ist für die meisten Menschen nicht mehr vorstellbar.

Der von Krotz (2008) als Mediatisierung beschriebene Veränderungsprozess, dem unsere Kommunikation unterliegt, hat schon immer Auswirkungen auf unser gesellschaftliches Zusammenleben. Beschleunigt wird dieser Prozess nun durch die fortschreitende Digitalisierung. So ist es z. B. für einen Großteil der Menschen inzwischen normal, jederzeit erreichbar und aufgrund der hohen Verfügbarkeit der digitalen Medien ständig online zu sein (Vorderer, 2015).

Diese Veränderungen haben auch im Bereich der Sozialen Arbeit in den letzten Jahren einen Transformationsprozess eingeleitet, der sowohl auf die Adressaten der Sozialen Arbeit als auch auf die Professionellen einwirkt (Kutscher et. al., 2015, S. 4). Und so werden auch Berater*innen heute mit Fragestellungen konfrontiert, die vor zwanzig oder dreißig Jahren noch nicht existiert haben.

Um online beraten zu können und für die jeweilige Klientel der Beratung die geeigneten digitalen Medien und Kommunikationsformen auswählen und einsetzen zu können, ist es notwendig, ein grundsätzliches Verständnis darüber zu besitzen, welche Nutzungspräferenzen und -muster die Adressat*innen von Beratung besitzen. Die folgenden Kapitel bieten daher einen Überblick über die Bedeutung und Nutzung digitaler Medien und des Internets sowie über deren Auswirkungen auf unsere Gesellschaft. Es werden die daraus resultierenden Anforderungen an Berater*innen aber auch an Institutionen, die Beratung und Unterstützung anbieten, skizziert.

## 2.1 Bedeutung und Nutzung digitaler Medien und des Internets

Prüfen Sie Ihren eigenen Medienkonsum. Welche Rolle spielt das Internet in Ihrem Leben? Wenn Sie ein Smartphone besitzen, wie oft nehmen Sie es zur Hand und schauen nach, ob neue Nachrichten für Sie da sind? Und wie sieht es aus mit Terminen oder Verabredungen – könnten Sie diese noch problemlos ohne digitale Medien planen?

Wir haben Medien zur Gestaltung unserer Kommunikation schon immer genutzt. Sei es die Höhlenmalerei, die Nachrichtenübermittlung durch Boten im Mittelalter oder das Schreiben von Briefen. Medien ermöglichen uns, miteinander in Kontakt zu treten, uns mitzuteilen, Botschaften zu senden und zu empfangen und Informationen zu verbreiten.

Medien lassen sich zunächst in vier Typen eingruppieren:

- Primärmedien (z. B. Stimme, Körper)
- Sekundärmedien (z. B. Buch, Zeitung)
- Tertiärmedien (z. B. Telefon, CD)
- Quartärmedien (z. B. Mail, digitales Whiteboard)

Die Quartärmedien werden auch als digitale Medien bezeichnet, wobei Wenzel (2015) darauf hinweist, dass sich viele der elektronischen Medien inzwischen zu digitalen Medien weiterentwickelt haben, sodass die letzten beiden Gruppen zusammengefasst werden können (Wenzel, 2015).

Digitale Medien, für die häufig synonym der Begriff »neue Medien« gewählt wird, gehören zu den elektronischen Medien und zeichnen sich vor allem durch ihre hohe Speicherfähigkeit aus. Werden digitale Medien im Internet genutzt, wird von Onlinemedien gesprochen. Viele digitale Medien haben sich inzwischen zu Universalwerkzeugen (Vorderer, 2015) entwickelt. So können beispielsweise Smartphone oder Tablet nicht nur dazu genutzt werden, um mit anderen per Mail oder Messenger zu kommunizieren, sondern auch, um Fotos oder Videos aufzunehmen, Text- und Bildbearbeitungsprogramme zu nutzen, im Internet zu surfen und vieles mehr.

Der Einfluss der digitalen Medien wird unter dem Begriff »Digitalisierung« beschrieben, welcher unterschiedliche Bedeutungen hat:

> »Er kann die digitale Umwandlung und Darstellung bzw. Durchführung von Information und Kommunikation oder die digitale Modifikation von Instrumenten, Geräten und Fahrzeugen ebenso meinen wie die digitale Revolution, die auch als dritte Revolution bekannt ist, bzw. die digitale Wende. Im letzteren Kontext werden nicht zuletzt ›Informationszeitalter‹ und ›Computerisierung‹ genannt.« (Springer Gabler Verlag, o. J., o. S.)

In enger Verbindung mit dem Phänomen der Digitalisierung steht das »Internet«, welches als ein weltweites Netzwerk an Computern verstanden wird, das Anfang der 1990er-Jahre auch der allgemeinen Öffentlichkeit zugänglich gemacht wurde (Wenzel, 2013b). Hierzu eine weitere Differenzierung: Als Medium erster Ordnung wird das Internet als technisches System, mit der Möglichkeit digitale Daten zu speichern, zu übertragen und zu bearbeiten, betrachtet und stellt zunächst eine Infrastruktur dar. Diese ist für die Gestaltung von kommunikativen Prozessen notwendig, die wiederum mittels Einsatz unterschiedlicher Medien zweiter Ordnung (wie z. B. E-Mail oder World Wide Web) ermöglicht wird (Beck, 2010).

Wie sich die Internetnutzung in Deutschland entwickelt hat und wie die Nutzer*innen mit den unterschiedlichen Angeboten umgehen, wird seit 1997 in der jährlich durchgeführten ARD/ZDF-Onlinestudie (http://www.ard-zdf-onlinestudie.de/, aufgerufen 23.03.2018) untersucht.

Weitere Studien, die sich mit der Internetnutzung beschäftigen, sind z. B. der D21-Digital-Index (http://initiatived21.de, aufgerufen 23.03.2018), der den Digitalisierungsgrad der deutschen Gesellschaft untersucht oder die miniKIM-, KIM- und JIM-Studien des Medienpädagogischen Forschungsverbunds Südwest (https://www.mpfs.de, aufgerufen 23.03.2018), welche die Mediennutzung von Kleinkindern, Kindern und Jugendlichen untersuchen.

In den ersten Jahren wurde das Internet von den Anwender*innen vor allen Dingen genutzt, um Informationen zu suchen oder E-Mails zu versenden (van Eimeren, Oehmichen & Schröter, 1997). Und so stand in den ersten Studien vor allem die Frage im Raum, ob das Internet zu einem Alltags- und Massenmedium in Deutschland werden wird (ARD/ZDF-Arbeitsgruppe Multimedia, 1999) und welche Bedeutung das Internet für seine Nutzer*innen als Medium neben Fernsehen und Hörfunk einnimmt (Oehmichen & Schröter, 2000).

Deutlich wird in den Untersuchungen dieser Jahre bereits, dass es gravierende gesellschaftliche Unterschiede bei dem Zugang zum Internet und dessen Nutzung gibt (Grajczyk & Mende, 2000). Das als »digitale Ungleichheit«

oder *digital divide* bzw. *digital gap* beschriebene Phänomen weist darauf hin, dass es eine ungleiche Verteilung des Zugangs zum Internet gibt und damit im Vergleich zu den »alten« Medien die Möglichkeit zur Wissensaneignung nicht für alle Menschen gleich gegeben ist.

Mit der Jahrtausendwende änderte sich die Art der Internetnutzung entscheidend. Unter dem Stichwort »Web 2.0« stand nun die Beteiligung der Nutzer im Vordergrund.

> »Ein wesentliches Prinzip des Web-2.0-Konzeptes ist, dass Mehrwert erst durch die Partizipation der Nutzer entsteht – YouTube beispielsweise wäre ohne die Beisteuerungen seiner Nutzer undenkbar.« (Busemann & Gscheidle, 2009, S. 356)

Mit der Verbreitung der sozialen Netzwerke (z. B. Facebook) entwickelte sich auch eine neue Form der Kommunikation und Selbstpräsentation im Netz. Die Nutzung des Internets wird durch DSL nun schneller und nach wie vor nimmt die Anzahl der Nutzer*innen stetig zu (van Eimeren et. al., 2003; van Eimeren & Frees, 2005; 2010).

Die Bedeutung des Internets als Medium zur schnellen Verbreitung von Nachrichten und als Informationsquelle für diese nimmt zu (van Eimeren & Frees, 2009). So sind wir es inzwischen auch gewohnt, bei der Tagesschau im Fernsehen Kurzvideos aus Krisenregionen der Welt mit der Quelle YouTube zu sehen oder dem 45. Präsidenten der Vereinigten Staaten von Amerika beim Twittern zuzuschauen. Die Parallelnutzung von TV und Internet, als *second screen* bezeichnet, schafft nun eine neue Ebene der Kommunikation und des (Mit-)Teilens von Informationen und Meinungen.

Unter dem Schlagwort »Social Web« wird die Bedeutung der sozialen Netzwerke wie Facebook, Twitter oder Instagram deutlich hervorgehoben (Tippelt & Kupferschmitt, 2015). Durch die seit 2015 auch verstärkt stattfindende mobile Internetnutzung, welche vor allem durch Smartphones und entsprechende Flatrates sowie Internet-Hotspots und kostenlosen WLAN-Zugang im öffentlichen Raum ermöglicht wird, steigt auch die tägliche Nutzungsdauer des Internets rasant an (Koch & Frees, 2016).

Im Jahr 2017 wurde die Internetnutzung zum ersten Mal in den drei Dimensionen mediale Internetnutzung, Individual-Kommunikation und sonstige Internetnutzung (wie Online-Shopping oder -Spielen) erhoben, da sich z. B. WhatsApp-Nutzer*innen nicht unbedingt als Internetnutzer*innen identifizieren (Projektgruppe ARD/ZDF-Multimedia, 2017).

Die → Tabelle 7 bietet einen Überblick über die Kern-Ergebnisse der ARD/ZDF-Onlinestudien von 1997 bis 2017.

**Tabelle 7:** Kern-Ergebnisse der ARD/ZDF-Onlinestudien der Jahre 1997–2017

| Jahr | Onliner* | Kern-Ergebnis |
|---|---|---|
| 1997** | 6,5 % | Aktivste Nutzergruppe sind berufstätige Männer zwischen 20 und 39 Jahren mit überdurchschnittlichem Ausbildungsniveau |
| 1998 | 10,4 % | Anstieg auch in der Gruppe der formal weniger gebildeten sowie bei nicht berufstätigen Personen |
| 1999 | 17,7 % | Private Nutzung sowie spielerisch-unterhaltende Komponente des Netzes nimmt zu |
| 2000 | 28,6 % | Vorrangig vor allem noch funktionale Nutzung des Internets; für viele Bevölkerungsgruppen inzwischen fester Bestandteil des Alltags |
| 2001 | 38,8 % | Internetnutzung vorwiegend von Zuhause, Verweildauer im Netz nimmt zu |
| 2002 | 44,1 % | Informationssuche dominiert die Anwendung, Jugendliche nutzen das Netz eher zur Unterhaltung |
| 2003 | 53,5 % | Ausweitung der Internetnutzung in nahezu allen Bevölkerungsgruppen, auch bislang eher resistente Gruppen erkennen Vorteile des Internets für sich |
| 2004 | 55,3 % | Geringer Anstieg im Vergleich zum Vorjahr; Kommunikation, Informationssuche und E-Commerce als vorrangige Nutzungsinteressen |
| 2005 | 57,9 % | Höchste Zuwächse in bisher onlineabstinenten Gruppen; Internet zur Abfrage aktueller Informationen, als Wissensplattform sowie Service- und Ratgebermedium |
| 2006 | 59,5 % | Höchste Zuwachsrate bei den über 50-Jährigen (»Silver Surfer«), DSL-Zugang auf dem Vormarsch; Hälfte der Onliner*innen nutzt Flatrate |
| 2007 | 62,7 % | Web 2.0 mit noch eher geringer Beteiligung der Nutzer*innen, Multimediale Anwendungen werden zunehmend genutzt |
| 2008 | 65,8 % | Videoportale (z. B. YouTube) und soziale Communities (StudiVZ, Facebook etc.) vor allem für jüngere Nutzer*innen interessant |
| 2009 | 67,1 % | Multimediale Inhalte nehmen in der Nutzung stark zu; tägliche Nutzung des Internets nimmt zu |
| 2010 | 69,4 % | Bedeutung von Social Media nimmt zu, die Hälfte der Onlinezeit fällt auf Kommunikation |
| 2011 | 73,3 % | E-Mail-Kommunikation nimmt leicht ab, Kommunikation über Communities leicht zu; Nutzung von Apps nimmt zu |

| Jahr | Onliner* | Kern-Ergebnis |
|---|---|---|
| 2012 | 75,9 % | Starker Anstieg der mobilen Internetnutzung, passiv-konsumierende Haltung dominiert in der Nutzung weiterhin |
| 2013 | 77,2 % | Großer Anstieg in der täglichen Nutzungsdauer, Nutzung von Fernsehinhalten im Netz über Mediatheken oder Videoportale nimmt zu |
| 2014 | 79,1 % | Ansteigender Internetkonsum durch ansteigende Nutzung der mobilen Internetnutzung; Wandel im Nutzungsverhalten gegenüber TV und Radio am stärksten bei jüngeren Nutzer*innen |
| 2015 | 79,5 % | Geringer Zuwachs im Vergleich zum Vorjahr, erste Sättigungserscheinungen in jüngeren Zielgruppen, ältere Zielgruppen mit den höchsten Zuwachsraten |
| 2016 | 83,8 % | Smartphone überholt als Zugangsmedium zum Netz den Laptop; starke Zunahme der Audio- und Videonutzung im Netz |
| 2017 | 89,8 % | Audionutzung und Streaming-Dienste nehmen weiter zu, tägliche Internetnutzung steigt weiter an |

*Anteil der deutschen Bevölkerung ab 14 Jahren
** damals noch ARD-Onlinestudie

Bei der Gesamtbetrachtung der Entwicklung der Internetnutzung in Deutschland wird eines deutlich: Die Suche nach Informationen sowie die Nutzung des Internets zur Kommunikation steht im Mittelpunkt. Für die Soziale Arbeit und die Beratung bedeutet dies nicht nur im Netz präsent zu sein, sondern die Kommunikationskanäle des Internets zur Gestaltung und Erweiterung ihrer Angebotspalette zu nutzen.

Für die Onlineberatung im Besonderen bedeutet die rasante Entwicklung der Nutzungspräferenzen, -typen und -gewohnheiten eine stetige Weiterentwicklung der digitalen Kommunikationsangebote (z. B. von der Mail- und Chatberatung hin zu einer Erweiterung der Kommunikation per Video bzw. von Desktop-Anwendungen hin zu *responsive design*) aber auch der Anwendung und Modifikation von Beratungsansätzen und Gesprächstechniken für die Onlineberatung. Wie diese in unterschiedlichen Onlineberatungssettings und im Hinblick auf das jeweils gewählte Medium konkret Anwendung finden, wird in → Kapitel 5 dargestellt.

## 2.2 Mediatisierung des Alltags und Auswirkungen auf die Beratung

Die digitalen Medien und die Möglichkeiten über diese miteinander zu kommunizieren sind nicht mehr wegzudenken. Während Kritiker*innen vor allem vor den negativen Folgen der Nutzung digitaler Medien und gar vor »digitaler Demenz« (Spitzer, 2012) warnen, sehen Befürworter*innen durchaus die Chancen, die sich durch ihren Einsatz auch in der Sozialen Arbeit ergeben. Dies bedeutet aber auch, dass sich Fachkräfte mit neuen Fragestellungen konfrontiert sehen und kaum eine Möglichkeit haben, sich den daraus ergebenden neuen Anforderungen an ihr Arbeitsfeld zu entziehen (→ Kapitel 2.4).

Helbig (2017) bemerkt hierzu folgerichtig:

> »Der kulturelle und soziale Wandel entlang der Medienentwicklung stellt somit neue Anforderungen an die Fachkräfte, die sowohl die veränderten Alltagspraxen ihrer Adressat/innen und die sozialen Herausforderungen digitalisierter Gesellschaften als auch das eigene Medienhandeln und die Anforderungen digitaler Arrangements in die fachliche Reflexion einbeziehen müssen.« (S. 134)

Insbesondere die jüngere Generation, die ganz selbstverständlich mit dem Internet, der Nutzung digitaler Medien und ihrer Kommunikationsformen aufwächst, wird als künftige Zielgruppe der Beratung neue und andere Ansprüche an diese stellen, als es Berater*innen bislang gewohnt waren. Für Heranwachsende stellt das Internet bereits jetzt eine wichtige Quelle für Information und Austausch zu diversen Themen dieser Lebensphase dar (Klein, 2015). Es ist also davon auszugehen, dass diese Zielgruppe auch in Zukunft als Erwachsene mediale Beratungsangebote nutzen wird.

Die Durchdringung unseres Alltags mit digitalen Medien und der Möglichkeit das Internet fast immer und fast überall nutzen zu können, hat damit nicht nur Auswirkungen auf unser gesellschaftliches Zusammenleben, sondern auch auf die Beratung. Bereits 2004 weist Engel darauf hin, dass wir »Beratung in Zukunft nicht ohne den Bezug zu neuen Medien beschreiben, planen oder durchführen« (S. 499) können.

Betrachtet man nun die Entwicklung der Onlineberatung (→ Kapitel 1.2) und die Entwicklung der Bedeutung und Nutzung des Internets (→ Kapitel 2.1) wird deutlich, dass die Soziale Arbeit auf diese von Engel (2004) prognostizierte Herausforderung reagiert hat. Die aufgezeigte Entstehung und

Zunahme von Onlineberatungsangeboten hat auch der Tatsache Rechnung getragen, dass Onlineberatung für manche Personen der einzige Zugang zu einer Beratung ist (Klein, 2008; Wenzel, 2013b).

Es geht bei dieser Entwicklung aber nicht nur darum, Beratungsangebote im Netz zu schaffen. Berater*innen werden sich künftig mehr denn je zuvor mit den neuen Medien und ihren Auswirkungen und Folgen beschäftigen müssen, da »die mediale Durchdringung des (privaten wie beruflichen) Alltags von Adressat_innen und Fachkräften wie auch der Handlungskontexte Sozialer Arbeit […] potentiell transformiert« (Kutscher, Ley & Seelmeyer, 2015, S. 5) werden. So benötigen Berater*innen künftig auch Medienkompetenz, um im Veränderungsprozess ihres Arbeitsfeldes mithalten und mitwirken zu können (Helbig, 2017). Medienkompetenz zeigt sich im Verstehen, Beherrschen, Verwenden, Gestalten und Bewerten von Medien (Sutter, 2010), insbesondere der »neuen Medien«. An dieser Stelle kommt nun auch die Onlineberatung ins Spiel, bei der Berater*innen mit Hilfe unterschiedlicher digitaler Medien den Beratungsprozess gestalten.

Zunächst ergibt es aber Sinn, generell zu betrachten, welche Rolle Medien in der Beratung spielen, bevor die Besonderheiten der digitalen Medien im Hinblick auf die Beratung untersucht werden.

Welche Medien zur Gestaltung von Beratungsprozessen sind Ihnen bekannt? Und wie lassen sie sich den Primär-, Sekundär- sowie Tertiär-/Quartärmedien zuordnen?

### 2.2.1 Die Fachkraft als Medium?

Es wird immer wieder betont, was für eine wichtige Rolle die professionelle Beziehungsgestaltung zwischen Berater*in und Klient*in als Grundlage für die Beratung spielt (McLeod, 2004; Nestmann, 2007; Schäfter, 2010). Häufig wird in diesem Zusammenhang darauf hingewiesen, dass die Beziehungsgestaltung vor allem dann besonders gut gelingt, wenn Berater*innen und Ratsuchende unmittelbar miteinander in Kontakt treten, wie es im Rahmen eines Face-to-Face-Kontaktes der Fall ist.

Wenzel (2015) weist hier jedoch zu Recht auf den »Mythos der Unmittelbarkeit« (S. 36) dieser Form des Kontaktes hin, da »auch die Beratung vor

Ort nicht unmittelbar, sondern ebenfalls medienvermittelt« (S. 37) erfolgt. In diesem Beratungssetting sind Stimme, Gestik und Mimik der Fachkraft wichtige Medien, die sie nutzt, um mit dem*der Ratsuchenden in einen guten Kontakt zu kommen. Hierbei spielen Faktoren wie Sympathie oder Antipathie selbstverständlich auch eine große Rolle: Wirkt die Stimme des Beraters*der Beraterin beruhigend? Lässt seine*ihre Mimik vermuten, dass er*sie konzentriert ist? Diese und weitere Faktoren beeinflussen die Beziehungsgestaltung enorm.

Wandhoff (2016) stellt in diesem Zusammenhang fest:

> »In der gesprochenen Sprache von Angesicht zu Angesicht kommt die Dialogizität des Ratgebens und Beratschlagens besonders klar zum Ausdruck. Aufgrund ihrer Reflexivität, der Möglichkeit also, über das Sprechen zu sprechen, eignet sich die Sprache außerdem gut dazu, Beobachtungen von Beobachtungen zum Gegenstand der Kommunikation zu machen.« (S. 42)

Dem Gespräch – durch das Medium Stimme (mit Mimik und Gestik unterstützt), einem Körpermedium – kommt in diesem Verständnis von Beratung also eine entscheidende Bedeutung zu. Dass diese Vorstellung aber vor allem aus einer Berater*innenperspektive zu bewerten ist, die davon ausgeht, dass die professionelle Beziehungsgestaltung bereits gelungen ist, ist offensichtlich. Für Ratsuchende stellt sich die Situation durchaus auch anders dar. Eine Beratung in Anspruch zu nehmen, ist mit Hürden verbunden und erfordert neben einer gewissen Gesprächsbereitschaft des Ratsuchenden auch die Fähigkeit, das eigene Anliegen offen anzusprechen. Dass dies nicht immer leicht fällt, liegt auf der Hand.

Onlineberatung setzt an dieser Stelle an und nutzt die Vorteile, die sich aus einer nicht auf das Gespräch reduzierten Beratungssituation ergeben (→ Kapitel 1.5).

### 2.2.2 Medieneinsatz in der Beratung

Besonders in der systemischen Beratung finden Primär- und Sekundärmedien vielfältigen Einsatz. Sei es beim Aufzeichnen von Genogrammen, Zeitstrahlen oder in Form von Skulpturarbeit und bei der Nutzung des Familienbretts zur Visualisierung und symbolischen Darstellung von Zusammenhängen und Beziehungen (Schwing & Fryszer, 2009; von Schlippe & Schweitzer, 2007).

Es ist also zunächst einmal nichts Neues, Medien in der Beratung einzusetzen. Deutlich wird jedoch, dass diese Medien und das Arbeiten mit ihnen abhängig sind von einem ganz bestimmten Setting: dem direkten Kontakt zwischen Berater*in und Klient*in, der in der Regel beim Zusammentreffen in der Praxis des Beraters*der Beraterin bzw. in der Einrichtung zustande kommt.

Mit der Einführung der telefonischen Beratung wurde eine anonyme Form der Beratung ermöglicht, die durch die Nutzung des Tertiärmediums Telefon realisiert wird.

Einen noch höheren Grad der Anonymität erlaubt die Nutzung von Online-Medien, da in den textgebundenen Formen der Onlineberatung auch der verbale Übermittlungskanal wegfällt. Diese Kanalreduktion wird häufig als ein entscheidender Nachteil von Onlineberatung bewertet, der jedoch durchaus auch Vorteile hat (→ Kapitel 5.1).

### 2.2.3 Digitale Medien in der Beratung

Mit der bereits beschriebenen Veränderung der Alltagskommunikation ging auch eine Veränderung der Beratungskommunikation einher. Die Nutzung digitaler Medien und des Internets zur Anbahnung und Durchführung von Beratungsgesprächen hat insbesondere für junge Menschen einen neuen Zugang zu Hilfe und Unterstützung ermöglicht. Für die sogenannten *digital natives,* also diejenigen, die mit den digitalen Medien aufwachsen und diese ganz selbstverständlich nutzen, ist die Suche nach Informationen und Hilfe ein geeigneter Weg, um Unterstützung in Anspruch zu nehmen. Und für manche ist es auch der einzige Weg, da sie keine anderen Ansprechpersonen außerhalb des Internets zu diesem Zweck haben (Klein, 2008).

Aber auch Erwachsene sehen im Internet eine Anlaufstelle, um nach Informationen zu gesundheitlichen Fragen zu suchen oder sich in Selbsthilfeforen auszutauschen (Eichenberg, 2011; Eichenberg & Brähler, 2013).

Prüfen Sie sich einmal selbst! Wann haben Sie das letzte Mal im Internet nach gesundheitsrelevanten Informationen gesucht? Wie sind Sie mit diesen Informationen umgegangen? Wenn Sie schon einmal ein Forum genutzt haben, um Antworten auf eine Frage zu finden, die Sie beschäftigt hat, welchen Nutzen hatte das für Sie?

Für die Onlineberatung kommen vor allem folgende digitale Medien zum Einsatz:
- Mail
- Forum
- Chat
- Messenger
- Video

Der Einsatz dieser digitalen Medien für die Beratung hat ganz spezifische Merkmale und Besonderheiten (→ Kapitel 4.1).

## 2.3 Anforderungen an Beratungsfachkräfte

Welche Konsequenzen ergeben sich nun aus den Folgen der Digitalisierung und Mediatisierung für Berater*innen? Es ist deutlich geworden, dass die Entwicklungen im Bereich einer mit digitalen Medien gestalteten Beratung stark nutzergetrieben sind. Die Soziale Arbeit hat darauf reagiert und mit der Onlineberatung ein Angebot geschaffen, dass nun auch im virtuellen Raum des Internets Beratung und Unterstützung zur Verfügung stellt.

Wie die bisherige Entwicklungsgeschichte des Internets und die Veränderung der damit verbundenen Nutzungspräferenzen (→ Kapitel 2.1) gezeigt haben, ist auch in den nächsten Jahren mit weiteren Entwicklungen, technologischen Innovationen und daraus resultierenden Nutzungsformen zu rechnen. Berater*innen müssen also am Ball bleiben und immer wieder kritisch hinterfragen, welche Medien zur Unterstützung und Gestaltung des Beratungsprozesses nützlich sind und der präferierten Kommunikationsform ihrer Adressat*innen entsprechen.

Es könnte hilfreich sein, eine neue Perspektive in Bezug auf das Thema Kommunikation einzunehmen. So schlägt Wenzel (2013b) vor,

> »dass Berater nicht länger das Gespräch als ihr zentrales Medium ansehen, sondern ihr Beratungsverständnis generell auf Kommunikation hin erweitern, wie auch immer diese konkret realisiert wird. Wenn die Kommunikation im Mittelpunkt des professionellen Beratungshandelns stehen würde, wäre es möglich, die Beratung insgesamt theoretisch neu zu fassen, und Fragen der Medienbildung würden damit in die Beratungsfachlichkeit mit hineingenommen werden.« (S. 228)

Dieser erweiterte Blickwinkel ermöglicht einen neuen Zugang zum Umgang mit unterschiedlichen Medien im Zusammenhang mit Beratung, erfordert von den Berater*innen aber auch einen Prozess des Umdenkens und die Bereitschaft, sich mit neuen Kommunikationsformen und -medien auseinanderzusetzen und auch das eigene Kommunikationsverhalten zu hinterfragen.

Arbeitsblatt Medientagebuch

Welche Medien nutzen Sie bevorzugt im Alltag? Unterscheiden Sie hierbei zwischen Medien, die Sie zum Gestalten von Kommunikationsprozessen nutzen und Medien, die Ihrer Unterhaltung dienen. Führen Sie eine Woche lang ein »Medientagebuch« und dokumentieren Sie Ihren Medienkonsum. Was fällt Ihnen auf? Und wie schätzen Sie die Weiterentwicklung Ihrer Mediennutzung ein – wie wird sie in fünf Jahren voraussichtlich aussehen?

## 2.4 Aufgaben der Institutionen, die Beratung anbieten

Die meisten Onlineberatungsangebote wurden ins Leben gerufen, da Beratungseinrichtungen plötzlich mit der Situation konfrontiert wurden, dass Beratungsanfragen per Mail oder über das Kontaktformular der Internetpräsenz der Einrichtung geschickt wurden.

So wurden in Eigeninitiative Modellprojekte ins Leben gerufen (z. B. Katholische Bundeskonferenz für Ehe-, Familien- und Lebensberatung (2003) oder Deutscher Caritasverband (2004)), die im Anschluss in ein festes Angebot der Träger übernommen wurden. Andere Angebote haben sich aus studentischen Projekten entwickelt (z. B. *kids-hotline.de* (1999)) und wieder andere sind aufgrund politischer Entscheidungen entstanden (Bundeszentrale Erziehungs- und Familienberatung der Bundeskonferenz der Erziehungsberatungsstellen *(bke-Onlineberatung)* (2003)).

Auch wenn inzwischen viele Beratungseinrichtungen über ein Onlineberatungsangebot verfügen, ist nach wie vor kein flächendeckender Einsatz dieses Beratungsformats erreicht. Dass Onlineberatung jedoch Zielgruppen erreicht, die sonst keine Beratung in Anspruch nehmen würden, ist inzwischen erwiesen (Wenzel, 2013b).

Zwar ist Onlineberatung nicht per se niedrigschwellig, da gerade die E-Mail-Beratung und das damit verbundene Verfassen von in der Regel komplexen Texten durchaus für bestimmte Personenkreise hochschwellig ist. Die Erweiterung des eigenen Beratungsangebots von der Face-to-Face-Beratung über die Möglichkeit telefonischen Kontakts bis hin zur Onlineberatung schafft jedoch neue Zugangswege zur Beratung und ist somit unabdingbar.

Beratungseinrichtungen stehen künftig in der Verantwortung, die Entwicklungen aktiv mitzugestalten und mögliche eigene Verweigerungshaltungen gegenüber den Veränderungen und Ansprüchen, die die neuen Medien und ihre Nutzer*innen mit sich bringen, aufzubrechen (Wenzel, 2013a).

Eng an diese eher konzeptionellen Fragestellungen sind außerdem organisatorische und rechtliche Fragen bis hin zur Finanzierungsproblematik von Onlineberatungsangeboten geknüpft (→ Kapitel 10).

## 2.5 Konsequenzen für die Ausbildung von Beratungsfachkräften

In der Grundausbildung von Fachkräften der Sozialen Arbeit, aber auch von anderen beratend tätigen Personen, wie z. B. Supervisor*innen oder Therapeut*innen, spielt die Vermittlung von Onlineberatungskompetenzen nach wie vor keine besonders große Rolle. Vereinzelt wird das Thema im Rahmen des Studiums oder den Beratungsweiterbildungen in dem einen oder anderen Seminar angerissen. Einen festen Platz in den Curricula hat Onlineberatung und der Umgang mit den Folgen der Mediatisierung nicht.

Dies ist insofern kritisch zu betrachten, da in den nächsten Jahren die Adressatengruppe, die Beratung in Anspruch nehmen wird, stark durch die Nutzung von neuen Medien sozialisiert und dementsprechend geprägt sein wird. Aber auch auf Seiten der Fachkräfte wächst eine Generation heran, die vermutlich aufgeschlossener für Beratungsformate sein wird, die mit Hilfe der neuen Medien gestaltet werden. Demzufolge wird es zunehmend notwendig sein, Qualifikationsformate zu schaffen, die dieser Zielgruppe ermöglichen, sich hinreichend auszubilden.

## Auf einen Blick

Die unter den Stichworten Mediatisierung und Digitalisierung beschriebenen Auswirkungen auf unsere Lebenswelt haben auch Auswirkungen auf unsere Beratungstätigkeit. So werden künftig Beratungsprozesse oder Teile von diesen nicht mehr ohne den Einsatz von digitalen Medien stattfinden. Berater*innen benötigen, neben Kenntnissen über die aktuellen Trends und Entwicklungen der Internetnutzung, vor allem die Fähigkeit, die neuen Medien gezielt, sach- und fachgerecht sowie sinngebunden in die Beratung einzubeziehen.

# 3 Onlinekommunikation und Schreiben

Psychosoziale Onlineberatung findet vor allem schriftbasiert statt. Hierin liegt für Onlineberater*innen zumeist auch die größte Herausforderung, da die aus einer Gesprächssituation gewohnten Kanäle wie Mimik und Gestik wegfallen. Berater*innen müssen sich daher mit einer für sie häufig eher ungewohnten Form der Kommunikation auseinandersetzen und lernen, wie sie u. a. mit der Kanalreduktion in der Onlineberatung umgehen können.

Dabei ist die Nutzung von Texten und geschriebener Sprache in Beratung und Therapie nicht ungewöhnlich. Schreiben als professionelle Intervention hat insbesondere im therapeutischen Bereich bereits eine längere Geschichte (Adams, 1990; von Werder, 1996; White & Epston, 2006; Heimes, 2008). In der Onlineberatung kommt nun eine besondere Form des Schreibens zum Tragen. Internetgestützte oder auch computervermittelte Kommunikation verfügt über einige Spezifika, sodass von einer Art »Online-Sprache« gesprochen werden kann.

In diesem Kapitel werden die wichtigsten theoretischen Grundzüge von Onlinekommunikation vermittelt. Die Besonderheiten schriftlicher Kommunikation und ihre Bedeutung für die Onlineberatung werden ebenso vorgestellt wie daraus resultierende (Gruppen-)Dynamiken im Netz.

## 3.1 Onlinekommunikation

Im Zusammenhang mit Onlinekommunikation wird auch häufig der Begriff computervermittelte Kommunikation (CvK) verwendet. Beck (2010) weist jedoch zurecht darauf hin, dass »CvK nicht nur Online-Kommunikation, sondern auch Offline-Kanäle wie CDs, DVDs oder USB-Sticks« (S. 9) umfasst und insofern nicht mehr zeitgemäß ist, da die Nutzung und Relevanz dieser immer stärker abnimmt. Er schlägt deshalb vor, den Begriff »Online-Kommunikation« zu verwenden (Beck, 2010).

Gleichwohl findet Onlinekommunikation mit Hilfe von vernetzten Computern (Internet) statt, da diese zum Senden und Empfangen sowie zum En- und Dekodieren einer Botschaft notwendig sind. Der Computer als Medium ermöglicht diese Form der Kommunikation also erst. Onlinekommunikation findet größtenteils schriftlich durch die Vermittlung von Textbotschaften (z. B. via E-Mail, Chat oder Messenger) statt, wenngleich gerade bei der Verwendung von Messenger-Diensten (→ Kapitel 4.1.4) auch immer häufiger die Kommunikation durch die Übertragung von Bildern, Videos, Audios, Emojis, Stickern oder ähnlichem stattfindet. Es kann also durchaus sein, dass ein Text via Spracheingabe mündlich formuliert und dann in Schriftzeichen übersetzt wird, bevor er über das Internet an den Empfänger*die Empfängerin gesendet wird (Engelhardt & Storch, 2013). Eine grundsätzliche Entscheidung wird jedoch zwischen synchroner und asynchroner Onlinekommunikation getroffen.

### 3.1.1 Synchrone Onlinekommunikation

Schriftbasierte Kommunikation war bis zur Ermöglichung von computervermittelter Kommunikation vor allem dadurch gekennzeichnet, dass sie zeitversetzt stattgefunden hat. Ein Brief wurde geschrieben, wurde dann per Post versendet, was z. T. mehrere Tage dauerte, und wurde dann vom Adressaten empfangen und gelesen. Findet schriftliche Kommunikation mittels Computer statt, kann sie auch synchron erfolgen (Misoch, 2006).

> »Durch die Computervermittlung entstehen virtuelle Räume, in denen – trotz der Ferne der realen geografischen Orte – unter Anwesenheit der Kommunikationsteilnehmer zeitgleich kommuniziert werden kann, so dass sich die Interaktionssituation trotz ihrer Textualität einem Gespräch annähert. Je schneller der kommunikative Austausch erfolgt, desto mehr nähert sich dieser dem Face-to-Face-Gespräch an und als desto intensiver wird dieser Austausch von den Teilnehmern empfunden (auch als ›flow‹ bezeichnet).« (S. 54)

In der Onlineberatung wird synchrone Kommunikation vor allem durch den Einsatz des Chats ermöglicht (→ Kapitel 4.1.2).

### 3.1.2 Asynchrone Onlinekommunikation

Das Schreiben von E-Mails gleicht auf dem ersten Blick dem Schreiben eines Briefs und unterscheidet sich zunächst einmal nur darin, dass der

Übertragungsweg elektronisch erfolgt. Die Kommunikation findet in der Regel zeitversetzt statt, da es beim Mailen nicht notwendig ist, dass beide Kommunikationspartner*innen gleichzeitig online sind und direkt reagieren wie beim Chatten. Die Zeit- und Ortsunabhängigkeit von asynchroner Onlinekommunikation ermöglicht so eine flexible Form der Kommunikation.

Asynchrone Kommunikation wird in der Onlineberatung durch die Nutzung von Mailberatung und Forenberatung realisiert (→ Kapitel 4).

## 3.2 Besonderheiten von Onlinekommunikation

Onlinekommunikation weist gegenüber der sogenannten Face-to-Face-Kommunikation, die im unmittelbaren Kontakt zweier oder mehrerer Personen miteinander stattfindet, einige Besonderheiten auf. Für die Beratung stellt die Kommunikation einen zentralen Aspekt dar. Umso wichtiger ist es für Onlineberater*innen, die Spezifika von Onlinekommunikation zu kennen, um online einen Beratungsprozess gestalten zu können.

### 3.2.1 Onlinekommunikation als verarmte Kommunikation

Dass Onlinekommunikation distanziert oder gar kalt sei, ist ein häufig verbreitetes Vorurteil. Es wird in diesem Zusammenhang auch von einer Ent-Emotionalisierung und Ent-Sinnlichung und gar einer Ent-Menschlichung der Kommunikation gesprochen (Döring, 1999).

Richtig ist, dass bei einer schriftbasierten Onlinekommunikation eine Kanalreduktion vorliegt, da im Gegensatz zur gesprochenen Sprache der verbale, der paraverbale und der nonverbale Kanal wegfallen und somit nicht wahrgenommen werden können. Insbesondere Mimik und Gestik, die die gesprochene Kommunikation mal mehr, mal weniger ausgeprägt begleiten, dienen häufig als wichtige Hinweise zur Interpretation des Gesprochenen. Kritiker*innen der Kanalreduktionstheorie bemerken zu Recht, dass diese Sichtweise zu technikdeterministisch ist und die individuellen Kompetenzen der Nutzer*innen außer Acht lässt. Außerdem bringt diese Sichtweise eine Idealisierung der Face-to-Face-Kommunikation mit sich, die ebenfalls nicht haltbar ist (Döring, 1999).

Der Mensch als kommunikatives Wesen ist es von Geburt an gewohnt, all diese Kanäle wahrzunehmen und die hierüber übermittelten Informationen zur Einordnung und zum Verständnis des Gesagten zu nutzen.

Dass Onlinekommunikation eine verarmte Kommunikation darstellt, suggeriert, dass über eine rein textbasierte Form weder Emotionen noch Nähe oder Distanz erzeugt und vermittelt werden können. Diese Sichtweise ist insofern zu kurz gegriffen, da Textformen wie Lyrik oder Briefe (insbesondere Liebesbriefe) durchaus viele Gefühle auslösen und vermitteln können. Gleichwohl stellt textbasierte Onlinekommunikation besondere Herausforderungen an die Akteur*innen der Kommunikation, da ihnen weniger Wahrnehmungskanäle zur Einschätzung der Botschaft zur Verfügung stehen. Eine reflektierte Auseinandersetzung mit dieser Tatsache und die Fähigkeit, zunächst einmal nur mit einem Text in Kontakt zu treten, sind für Onlineberater*innen unabdingbar und müssen zunächst erlernt werden.

Welche Texte, die Sie gelesen haben, haben einen besonderen Eindruck auf Sie gemacht? Nehmen Sie noch einmal den einen oder anderen Text (Gedicht, Brief, Roman, Songtext, Mail) zur Hand und prüfen Sie, was Sie am Text besonders berührt oder verärgert hat? Welche Worte oder Formulierungen ließen Bilder vor Ihrem inneren Auge entstehen? Mit welchen Texten können Sie sich ggf. besonders identifizieren?

### 3.2.2 Onlinekommunikation als textuelle Kommunikation

Bei der schriftlichen Kommunikation liegt nur der Text vor, was zunächst einmal als Hürde erscheint. Die Kompetenz, »zwischen den Zeilen« lesen zu können, ist für Onlineberater*innen daher umso wichtiger (Knatz, 2009).

So stellt sich textbasierte Onlinekommunikation erst einmal als eine sehr technische Form der Kommunikation dar.

> »Die Botschaften, die in einem Face-to-Face-Gespräch gesagt werden würden, werden verschriftlicht und vom Sender per Tastatur in den Computer eingegeben, danach als digitaler Code versendet und vom Empfänger an dessen Computerbildschirm rezipiert d. h. gelesen.« (Misoch, 2006, S. 58)

Der Wegfall von Mimik und Gestik zur Unterstreichung des Gesagten muss nun durch die Verschriftlichung dieser Informationen kompensiert werden. Für die Onlinekommunikation haben sich hierzu Zeichen-Codes entwickelt, die die Übermittlung von Gefühlen und Körperzeichen auf relativ einfache Art und Weise ermöglichen (→ Kapitel 3.3).

Für Onlineberater*innen gilt es, dieses Set an Codes und Ausdrucksformen zu kennen, interpretieren zu können und selbst in wohldosierter Art und Weise anzuwenden. Sie müssen in der Lage sein, beim Lesen des Textes ein Verständnis darüber zu erlangen, was der*die Ersteller*in des Textes zum Ausdruck bringen wollte (Knatz, 2009).

### 3.2.3 Zeit, Raum und Kontext in der Onlinekommunikation

Eine weitere Besonderheit von Onlinekommunikation ist, dass sie im Gegensatz zur Face-to-Face-Kommunikation losgelöst von Raum und – bei der asynchronen Form – von Zeit ist. Der Wegfall von Kopräsenz hat zur Folge, dass die Kommunikationspartner*innen nicht über einen gemeinsamen Kontext und Handlungshintergrund verfügen (Misoch, 2006). So können leichter Missverständnisse entstehen, da keine unmittelbare Rückversicherung, ob das Mitgeteilte verstanden wurde, erfolgen kann. Eine Ausnahme bildet hierbei der Chat, der zumindest eine schnelle Nachfragemöglichkeit bietet. Gleichwohl müssen in der Onlineberatung sowohl Berater*innen als auch Ratsuchende in der Lage sein, einschätzen zu können, welche Informationen vom Gegenüber wahrgenommen und verstanden wurden und welche nicht.

In der asynchronen Onlineberatung (E-Mail oder Forum) ergibt sich aus der Enträumlichung und Entzeitlichung ein besonderer Vorteil für die Ratsuchenden: Sie sind nicht darauf angewiesen, ihr Anliegen an einem bestimmten Ort (Beratungsstelle), zu einer bestimmten Zeit (Termin) vorzutragen, sondern können dann schreiben, wenn es für sie am besten passt oder der Druck, sich mitzuteilen, am größten ist. Die Entkontextualisierung der Kommunikationssituation bringt zwar die oben genannten Hürden mit sich, kann für Ratsuchende aber wiederrum hilfreich sein: Sie müssen zunächst wenig von sich preisgeben und können sich schreibend langsam vorantasten.

### 3.2.4 Onlinekommunikation als digitale Kommunikation

»Bei unserem ersten Gespräch legte mir der Klient einen kleinen Stapel Papiere auf den Tisch und kommentiere sie mit den Worten: ›Das ist worum es bei mir geht. Bitte lesen sie einfach, ich kann es nicht nochmal erzählen, dazu tut es noch zu sehr weh.‹ Für mich war es zunächst befremdlich, zu lesen, was mein Klient mit einer Onlineberaterin, die ich nicht kannte, geschrieben hatte. Beim Lesen entstanden aber auch neue Ideen. Manches, was die Beraterin geschrieben hatte, überraschte mich. Für meinen Klienten war es eine große Erleichterung, dass ich einfach lesen konnte, was ihm passiert war. Über den Text sind wir dann in ein gutes Gespräch miteinander gekommen.« (Sabine, Beraterin)

Die Digitalisierung von Daten ermöglicht eine große Kommunikations- und Informationsbeschleunigung (Misoch, 2006). Musste man vor Beginn des digitalen Zeitalters auf einem Brief aus Übersee noch Wochen oder gar Monate warten, können heute Botschaften innerhalb von Millisekunden übertragen und empfangen werden. Die Speicherung und einfache Möglichkeit zur Vervielfältigung von Daten ist ein weiteres Kennzeichen digitaler Kommunikation.

Onlineberatung wird deshalb auch häufig als »digitale Beratung« bezeichnet (Brunner, 2006; Engelhardt & Storch, 2013; Benke, 2014). Ratsuchende können ihr Anliegen also nicht nur orts- und zeitunabhängig mitteilen, sondern vor allem auch auf einem schnellen Weg. Für Onlineberater*innen bedeutet dies, dass ihre Antwortgeschwindigkeit auf eingegangene E-Mail-Anfragen oder Forenbeiträge relativ schnell sein sollte (→ Kapitel 1.3), da Nutzer*innen eines Onlineberatungsangebots auch eine zügige Reaktion erwarten.

Die Digitalisierung und Speicherung eines Beratungstextes bzw. -dialogs bringt zwei weitere, bislang in der Beratung nicht gekannte Phänomene mit sich: Ratsuchende können beispielsweise den Text aus ihrer Mail mit der Erstanfrage mehrfach kopieren und an unterschiedliche Onlineberatungsstellen senden. Sie erhalten so auf relativ einfachem Weg die Möglichkeit, mehrere Rückmeldungen zu ihrem Anliegen einzuholen und die für sie passende(n) auszuwählen. Mehrfachberatungen sind in der Onlineberatung daher keine Seltenheit. Es besteht für sie auch die Möglichkeit, ganze Beratungsverläufe ausgedruckt oder in digitalisierter Form zu einem Beratungsgespräch in die Beratungsstelle mitzunehmen. Genauso muss davon ausgegangen werden, dass Beratungstexte im Internet, z. B. in Selbsthilfe-Foren, Facebookgruppen, oder über andere Kanäle verbreitet werden, wenn Ratsuchende das Geschriebene – aus welchen Gründen auch immer – teilen wollen.

Gerade für angehende Onlineberater*innen ist diese Vorstellung oftmals abschreckend. Den Gedanken, dass das Geschriebene in andere Hände gelangen und dort ggf. auch (fachlich) bewertet werden könnte, empfinden viele Onlineberater*innen im Vergleich zu der Möglichkeit, dass ein*e

Klient*in anderen von einem Beratungsgespräch berichten könnte, zunächst als unangenehm. Dahinter steckt oft eine Haltungsfrage, die sich mit zunehmender Onlineberatungserfahrung entwickelt: Das gesprochene Wort und das geschriebene Wort sollten gleichermaßen achtsam verwendet werden. Der Inhalt eines Face-to-Face-Gesprächs oder eines Telefonats ist eher flüchtig und unterliegt zudem noch einer subjektiven Bewertung und Auswahl dessen, was gesagt wurde, durch die jeweiligen Gesprächspartner*innen. Beim Onlineberatungstext sieht dies anders aus: Der Gesprächsverlauf ist schriftlich dokumentiert. Auch hier sind zwar Spielräume bei der Interpretation des Geschriebenen gegeben, dennoch steht Wort für Wort fixiert, was besprochen wurde.

Die nachfolgende Übersicht (→ Tabelle 8) nach Misoch (2006) veranschaulicht die Unterschiede von Face-to-Face-Kommunikation gegenüber Onlinekommunikation.

**Tabelle 8:** Vergleich Face-to-Face-Kommunikation und Onlinekommunikation (in Anlehnung an Misoch, 2006, S. 62)

| Kommunikation im Face-to-Face-Setting | Onlinekommunikation |
|---|---|
| Die Kommunikationsteilnehmer*innen interagieren in Kopräsenz miteinander | Die Kommunikationsteilnehmer*innen begegnen sich nicht in Kopräsenz |
| Gekennzeichnet durch visuelle Sichtbarkeit | Gekennzeichnet durch visuelle Anonymität |
| Vermittlung psychosozialer Daten durch Körper, Kleidung usw. | Psychosoziale körpergebundene Daten werden nicht übertragen |
| Alle Sinnesmodalitäten (optisch, akustisch, olfaktorisch usw.) können einbezogen werden | Direkte Sinnesmodalitäten werden nicht einbezogen |
| Kommunikation erfolgt mit Hilfe verbaler (Sprache) und nonverbaler Zeichen (Mimik, Gestik, Haptik usw.) | Kommunikation hauptsächlich durch Einsatz verschriftlichter Sprachzeichen |
| Zeitgleiche Kommunikation | Sowohl zeitgleiche (Chat) als auch zeitversetzte Kommunikation (E-Mail) |
| Kommunikation ist raumgebunden | Kommunikation findet in einem virtuellen Raum statt |
| Synchrone Kommunikation nur möglich, wenn Kopräsenz vorhanden | Synchrone Kommunikation auch über große Distanz möglich |
| Kontexteinbettung der Kommunikation durch Kopräsenz | Entkontextualisierte Kommunikation |
| Optische Merkmale zur Eindrucksbildung | Textuelle Merkmale (Schreibstil usw.) zur Eindrucksbildung |

## 3.3 Besonderheiten der Sprache im Internet

»Schreiben ist das neue Reden« – mit dieser Aussage beschreibt von Gehlen (2013), wie sich unsere Kommunikation durch die Nutzung digitaler Gesprächsmedien verändert und kommt zu folgender Aussage:

> »Die Flüchtigkeit der gesprochenen Kommunikation wird auf das geschriebene Wort übertragen – und führt so zu einer Renaissance alter oraler Erzähltraditionen in einem neuen, digitalen Kontext der Schriftsprache.« (o. S.)

Aber auch Schreiben hat eine lange Tradition, die nun durch die vielzähligen Möglichkeiten der schriftlichen Onlinekommunikation eine neue Renaissance erlebt (Misoch, 2006). Je nachdem, in welchem Kontext im Netz geschrieben wird, ergeben sich einige sprachliche Besonderheiten, deren Kenntnis für Onlineberater*innen wichtig ist.

### 3.3.1 Oraliteralität

Die mit der Kanalreduktion einhergehende Schwierigkeit, Gefühle, Emotionen und Ausdruck zu übermitteln, wird in der schriftlichen Onlinekommunikation häufig damit kompensiert, dass Elemente aus der mündlichen Sprache in die schriftliche Sprache einfließen. Dies wird insbesondere in der Kommunikation im Chat sichtbar, bei der sich die Kommunikation stark einer mündlichen Form annähert.

> Beraterin [17:24] »Hm, es klingt so, als hätten sie schon einiges ausprobiert?«
> Ratsuchender [17:25] »naja ich würd sagen ja, aber das könnse natürlich auch anders sehn. mein cheffe checkts ja eben nich. Ach, mich nervt das langsam echt an.«

Nach Koch und Oesterreicher (1985) verfügen Mündlichkeit/Oralität und Schriftlichkeit/Literalität über unterschiedliche Merkmale: Die gesprochene Sprache zeichnet sich demnach vor allem durch Nähe und Vertrautheit aus und findet vor allem dialogisch statt. Demgegenüber ist geschriebene Sprache eher distanziert und zeichnet sich durch Reflektiertheit und Planung aus. Die gesprochene Sprache findet spontan statt, was zur Folge hat, dass Gesagtes nicht zurückgenommen werden kann, während ein Text beliebig oft verändert und modifiziert werden kann (Reindl, Hergenreider & Hünniger, 2012).

In der Onlinekommunikation findet nun eine starke Annäherung von Mündlichkeit und Schriftlichkeit statt, die als Oraliteralität bezeichnet wird.

> »Dies bedeutet, dass es sich zwar formal um Literalität handelt, da der Austausch mittels schriftsprachlicher Zeichen erfolgt, dass sich diese jedoch in ihrer Sprachverwendung verstärkt Elementen der oralen Sprache bedient und somit eine Tendenz zur konzeptionellen Mündlichkeit aufweist.« (Misoch, 2006, S. 166)

Die Nutzung von Elementen von Oraliteralität als mögliche Interventionsstrategie in der Onlineberatung wird an späterer Stelle nochmals beschrieben (→ Kapitel 5).

### 3.3.2 Online-Sprache

Merkmale gesprochener Sprache werden verschriftlicht, indem unterschiedliche Zeichen und Codes verwendet werden, die zum einen eine schnelle Kommunikation ermöglichen, was insbesondere beim Chatten wichtig ist, und zum anderen einen Teil der wegfallenden Sinneswahrnehmung kompensieren. Es entsteht so eine Art eigene Online-Sprache. Hierbei kommen beispielsweise Inflektive (ungebeugte Verben, die Lautäußerungen oder mimische und gestische Handlungen beschreiben), die zwischen zwei Asteriske (Sternchen Schriftzeichen) gesetzt werden, zum Einsatz. Um Emotionen auszudrücken werden Emoticons eingesetzt, die durch die Kombination von Buchstaben, Ziffern und Sonderzeichen (sogenannten ASCII (American Standard Code for Information Interchange)-Zeichen) zu stilisierten Gesichtsausdrücken werden. Inzwischen kommen auch immer häufiger die in der Onlinekommunikation gängigeren Emojis zum Einsatz, die neben Gesichtsausdrücken auch Handlungen (zum Beispiel Winken oder Wegrennen) in Form eines Piktogramms oder Ideogramms darstellen. Im Netz gibt es Listen mit den gängigsten Emoticons https://de.wiktionary.org/wiki/Verzeichnis:International/Smileys (aufgerufen 03.04.2018) und Emojis https://emojipedia.org/(aufgerufen 03.04.2018)

→ Tabelle 9 bietet einen Überblick über die unterschiedlichen Ausdrucksformen der Online-Sprache, die in der Onlineberatung eingesetzt werden.

**Tabelle 9:** Überblick über die unterschiedlichen Ausdrucksformen der Online-Sprache, die in der Onlineberatung eingesetzt werden

| Bezeichnung | Beschreibung | Funktion | Beispiel |
|---|---|---|---|
| Akronyme | Wörter, gebildet aus den Anfangsbuchstaben mehrerer Wörter, häufig aus dem Englischen abgeleitet | Abkürzung von Sätzen und Aussagen | n8 = Nacht<br>afk = away from keyboard<br>LOL = laughing out loud |
| Aktionswörter | Inflektive, die zwischen zwei Asteriske gesetzt werden | Ausdruck von Gefühlen oder Handlungen | *taschentuchreich*<br>*nixversteh*<br>*tränenwegwisch* |
| Emoticons | Kombination von ASCII-Zeichen, die Gesichtsausdrücke stilisieren | Ausdruck von Emotionen | :-) = lächeln<br>:-(= traurig<br>;-) = zwinkern |
| Emoji | Piktogramme bzw. Ideogramme | Ausdruck von Emotionen und Handlungen |  |
| Iterationen | Wiederholung von Wortteilen | Ausdruck von Betonung und Tonhöhe | Haaaaallooooooo Maaaaaaan so ein Mist! |
| Majuskeln | Worte in Großbuchstaben | Ausdruck von Lautstärke/ Schreien | Ich kenne NIEMANDEN, der mir helfen könnte!<br>SCHREI NICHT SO! |
| Soundwörter | Lautmalerei oder Tonnachbildungen | Ausdruck von Phonetischem | *hmmmm*<br>*puh* |

## 3.4 (Gruppen-)Dynamik im Netz

»Ich habe Facebook, WhatsApp und Co. immer abgelehnt. Aber ich merke auch, wenn ich da nicht dabei bin, habe ich keine Chance mitzubekommen, was die anderen machen. Inzwischen laufen so viele Absprachen über diese Kanäle, dass ich wichtige Informationen nicht bekomme. Mich nervt das, aber ich habe mich der Situation ergeben.« (Klaus, Onlineberater)

Mit der Verbreitung des Zugangs zum Netz und der Verlagerung eines Großteils unserer Kommunikation dorthin, geht eine neue Form sozialer Gemeinschaften einher. In Online-Communities findet ein reger Austausch der Nutzer*innen zu allen möglichen Themen statt. Die starke Verbreitung der digitalen Medien und die Möglichkeit nahezu immer und überall online sein zu können, hat den Alltag massiv verändert. Bislang getrennte Lebensbereiche greifen nun ineinander. Eine strikte Trennung zwischen Arbeit und Freizeit findet für viele Menschen nicht mehr statt. So sind beispielsweise nach einer Untersuchung des Branchenverbands bitkom 71 % der Deutschen auch im Urlaub für ihre Arbeitgeber*innen erreichbar (bitkom, 2017, o. S.). Teilweise reagieren die großen Unternehmen mit Betriebsvereinbarungen auf diese Entwicklung und ermöglichen ihren Mitarbeiter*innen, dass Zeiten, die durch das Abrufen und Lesen von E-Mails nach Dienstende entstehen, im Stundenkonto erfasst werden können (z. B. BMW). Andere Firmen ermöglichen es ihren Arbeitnehmer*innen gar nicht, auf Nachrichten außerhalb der Arbeitszeit zuzugreifen. Diese Maßnahmen sollen dazu dienen, den digitalen Stress abzubauen und einem möglichen Burnout vorzubeugen.

Insbesondere durch den Boom der sozialen Netzwerke haben sich Veränderungen in den zwischenmenschlichen Beziehungen ergeben. Mehrere Hunderte sogenannter »Freunde« bei Facebook sind inzwischen selbstverständlich, wenngleich die Bewertung dieser Freundschaften durchaus differenziert erfolgt. Online-Dating-Portale und Online-Spiele bieten unzählige Möglichkeiten des digitalisierten Austausches und In-Kontakt-Tretens von Nutzer*innen über (fast) alle Ländergrenzen hinweg.

Mit der Einführung der unterschiedlichen Messenger-Dienste für Smartphones hat sich ein weiterer Effekt ergeben: Anstatt abgeschlossener Gespräche findet die Kommunikation nun in Form einer Art »Stream« statt – Anfang und Ende des Gesprächs sind nicht klar definiert und der Austausch findet häufig weniger formalisiert statt.

Bei Mikrobloggingdiensten wie Twitter entstehen in Sekundenschnelle Shitstorms, wenn Prominente, Politiker*innen oder Unternehmen einen Beitrag posten, der den Unmut der anderen Nutzer*innen weckt und diese nun wiederum öffentlich ihre Kritik dazu im Netz posten.

*Cyber-Mobbing* oder *Cyber-Bullying* gehören zu den negativen Phänomenen der Gruppendynamik im Netz. Laut der JIM-Studie (Medienpädagogischer Forschungsverbund Südwest, 2016) geben 34 % der Jugendlichen zwischen 12 und 19 Jahren an, dass in ihrem Bekanntenkreis bereits jemand Opfer von Mobbing im Internet geworden ist. Insbesondere die Möglichkeit der Anonymität im Netz und des Annehmens fremder Identitäten scheint hierbei enthemmend auf die Mobbenden zu wirken. Mehr zum Thema: http://www.klicksafe.de/themen/kommunizieren/cyber-mobbing/cyber-mobbing-was-ist-das/(aufgerufen 08.03.2018).

Onlineberater müssen sich der besonderen (Gruppen-)Dynamik im Netz bewusst sein. Insbesondere bei öffentlich im Netz zugänglicher Forenberatung besteht die Gefahr, dass Ratsuchende von anderen Nutzer*innen beschimpft, beleidigt oder bedroht werden. Hilfesuchende, die sich ohnehin schon in einer schwierigen und belastenden Situation befinden und daher nach Hilfe im Netz suchen, sind besonders schutzlos und daher ist es eine der wichtigsten Aufgaben für die Berater*innen in möglichen Mobbing-Situationen einzugreifen und zu reagieren. Aus diesem Grund ist es unabdingbar, dass Foren- und Chatberatung immer moderiert stattfindet und auf mögliche Beleidigungen der Ratsuchenden untereinander eingegangen wird.

## 3.5 Schreiben als professionelle Intervention

Das Schreiben von Texten wird in Therapie und Beratung bereits lange genutzt. So bekommen Klient*innen z. B. die Aufgabe, Tagebuch zu schreiben oder ihre Lebensgeschichte aufs Papier zu bringen.

> »Beim Schreiben hatte ich das Gefühl, dass mir schon manches klarer wird. Ich habe die ganze Zeit in einem Gedankenkarussell festgesteckt. Jetzt, als ich es niedergeschrieben habe, habe ich gemerkt, dass ich eigentlich weiß, was ich tun muss. Es hat gutgetan, es einfach mal loszuwerden.« (Ratsuchende, E-Mail-Beratung)

Sich etwas von der Seele zu schreiben, wird von vielen Menschen als hilfreich und entlastend empfunden. Die textbasierte Onlineberatung nutzt eben diesen Effekt und bietet Ratsuchenden (und Berater*innen), die gerne schreiben, eine Möglichkeit der Auseinandersetzung, die anderen Gesetzen folgt als das persönliche Gespräch.

So entsteht in der asynchronen Onlineberatung ein Dialog durch den Wechsel von Texten, die zeitversetzt vom*von der Empfänger*in gelesen werden. Es besteht keine Möglichkeit zur direkten Nachfrage, wenn etwas nicht verstanden wurde, es kann aber auch nicht unterbrochen werden.

In der Chatberatung hingegen besteht diese Möglichkeit. Das Schreiben erfolgt aber unter höherem Zeitdruck und es werden einzelne Sätze oder kurze Abschnitte im Wechsel geschickt, sodass der Chat dem persönlichen Gespräch näher ist als die Beratung per E-Mail oder im Forum.

Vogt (2007) stellt acht Thesen zur Wirksamkeit des Schreibens in der E-Mail Beratung auf:

Schreiben …

- schafft Möglichkeiten, neue Handlungsspielräume und Struktur,
- schafft Distanz und eröffnet so neue Perspektiven,
- ermöglicht andere Zugänge und Unbewusstes bewusst zu machen,
- aktiviert und eröffnet Zusammenhänge,
- ist an ein hilfreiches und empathisches Gegenüber gerichtet,
- ermöglicht das Festhalten von Gedanken und Gefühlen und ist weniger flüchtig,
- setzt einen kreativen Prozess in Gang und
- richtet sich (im Gegensatz zum Tagebuchschreiben) an eine*n Leser*in.

Schreiben schafft eine andere Form der Auseinandersetzung mit den eigenen Gedanken und Gefühlen, da die Schreibende zunächst selbst entscheiden muss, was sie mitteilen möchte und ggf. muss, um in ihrem Anliegen verstanden zu werden. Nach Knatz (2013)

> »beschäftigen sich Menschen mit ihren Ängsten und Gefühlen intensiver, wenn sie diese verschriftlichen, - sie fokussieren ihr Anliegen, so dass dieses gleichsam stärkeres Licht bekommt, klarere Konturen, einen (etwas) leichteren Zugang.« (S. 186)

Ähnlich beschreibt es Heimes (2014), für die das Schreiben »eine Schule der Wahrnehmung und zugleich ein Akt der Würdigung und Wertschätzung« (S. 38) ist.

Und so hat die schreibende Form der Kommunikation auch Auswirkungen auf die Art und Weise, wie sich der Beratungsprozess gestaltet. Während in der Face-to-Face-Beratung der Prozess in der Regel stärker von dem*der Berater*in gesteuert wird, da er*sie mit ihren Fragen bereits im Erstkontakt – bewusst oder unbewusst – den weiteren Verlauf der Beratung beeinflusst, verhält es sich besonders in der asynchronen Onlineberatung etwas anders: Hier entscheidet der*die Ratsuchende zunächst allein, was er*sie mitteilt und was nicht, wie ausführlich er*sie Einzelheiten beschreibt und wie stark er*sie in die Tiefe geht. Der*Die Berater*in bekommt einen Text als Ergebnis dieses

Prozesses und muss seinerseits nun darauf reagieren. Wie herausfordernd das sein kann und wie mit schwierigen Kommunikationssituationen professionell umgegangen werden kann, wird in → Kapitel 6 dargestellt.

»Niemals hätte ich mich getraut, meine Geschichte so offen und ehrlich zu erzählen. Es war schmerzhaft, es aufzuschreiben, aber auch erleichternd. Danach war ein Stück Last von mir abgefallen. Das tat gut.« (Ratsuchender, E-Mailberatung)

## Auf einen Blick

Onlinekommunikation zeichnet sich durch einige Besonderheiten aus, die sich von der gesprochenen Kommunikation unterscheiden. Dies hat Auswirkungen darauf, wie die Kommunikation gestaltet wird und welcher Hilfsmittel sich die Kommunikatoren bedienen, um beispielsweise Emotionen Ausdruck zu verleihen. Da Onlinekommunikation größtenteils in Form von geschriebener Sprache stattfindet, ermöglicht sie eine besondere Art der Reflexion, die in der Onlineberatung als Vorteil gesehen wird. Das Schreiben als Annäherung an und Beschäftigung mit einem Problem lässt eine möglicherweise tiefere Auseinandersetzung mit Beratungsanliegen zu und gestattet dem Ratsuchenden viel Autonomie bei der Gestaltung des Beratungsprozesses.

# 4 Formen und Felder der textbasierten Onlineberatung

Onlineberatung zeichnet sich durch unterschiedliche konzeptionelle Gestaltungsformen aus und wird in verschiedenen Beratungssettings realisiert.

In diesem Kapitel werden die verschiedenen Instrumente der textbasierten Onlineberatung und deren Spezifika vorgestellt. Es werden Beratungskonzepte und deren Besonderheiten diskutiert. Die vielen Einsatzfelder von Onlineberatung werden anhand von Beispielen skizziert. Wie Onlineberatung organisatorisch verwirklicht werden kann, wird in einem weiteren Abschnitt dargestellt. Abschließend wird auf die besonderen Beratungsformen Online-Supervision und Online-Coaching eingegangen.

## 4.1 Instrumente der textbasierten Onlineberatung

Die textbasierte Onlineberatung greift momentan auf vier unterschiedliche Instrumente zur Unterstützung der Beratungskommunikation zurück. Am häufigsten eingesetzt werden nach wie vor die Mail- und die Chatberatung. Forenberatung wurde insbesondere in der Pionierphase der Onlineberatung praktiziert und wird nach wie vor in bestimmten Beratungsfeldern eingesetzt. Mit der verstärkten Ausbreitung der Onlinekommunikation der Messenger-Dienste finden sich auch in der professionellen Onlineberatung erste Realisierungsansätze und -projekte hierzu. Inwiefern bei der Kommunikation per Messenger (noch) von Beratung gesprochen werden kann, wird in → Kapitel 4.1.4 diskutiert.

### 4.1.1 Mailberatung

In der Bezeichnung Mailberatung steckt eigentlich bereits eine Irreführung. Denn rein technisch betrachtet, wird bei der Mailberatung keine Mail verschickt. Technische Bedingungen, die ein seriöses Onlineberatungsangebot unbedingt erfüllen muss, werden in → Kapitel 9.5 ausführlich beschrieben. Korrekterweise muss daher von webbasierter Mailberatung gesprochen werden, da der gesamte Beratungskontakt auf einer Onlineberatungsplattform geschützt stattfindet und keine Mails versendet werden. Mailberatung wird oftmals auch als E-Mail-Beratung oder Einzelberatung (z. B. *bke-Onlineberatung*) bezeichnet.

Die Eigenheiten dieses Onlineberatungsinstruments ähneln jedoch dem Verfassen und Lesen von E-Mails, sodass sich der Begriff Mailberatung zur Beschreibung dieses Instruments durchgesetzt hat.

Mailberatung zeichnet sich durch folgende Charakteristika aus:

- Es handelt sich um eine asynchrone Form der Kommunikation. Die Mail kann sowohl von dem*der Ratsuchenden als auch vom*von der Berater*in zeit- und ortsunabhängig verfasst werden und die Beantwortung erfolgt jeweils zeitversetzt.
- Es besteht die Möglichkeit, den Text immer wieder zu überarbeiten, zu kürzen etc., bevor die Mail abgeschickt werden kann. Die Mail kann auch über einen längeren Zeitraum liegen bleiben, bevor sie wieder bearbeitet und schließlich abgeschickt wird.
- Die Beratung kann anonym stattfinden, da der*die Ratsuchende über die Zuweisung eines Nicknamens die Möglichkeit hat, seine Identität geheim zu halten.
- Durch die Zuordnung zu einem Account des*der Ratsuchenden sind Folgekontakte möglich. Es entwickelt sich so häufig ein länger andauernder Dialog in Form wechselseitig gesendeter Mails.
- Der Text der Mail kann beliebig lang oder auch kurz ausfallen. Es besteht aufgrund der Asynchronität des Settings keine Möglichkeit, direkt auf den*die Schreiber*in einzuwirken und den Schreibfluss damit ggf. auch zu unterbrechen.
- Der gesamte Beratungsprozess ist Wort für Wort dokumentiert.

Gerade der letzte Punkt ist für viele Onlineberater*innen zunächst problematisch, bedeutet dies doch, dass alles, was sie geschrieben haben, auch Dritten wortwörtlich zugänglich gemacht werden könnte. Auf den ersten Blick scheint diese Sorge auch nachvollziehbar, da in Beratungsgesprächen oftmals auch unklare Situationen vorliegen und Aussagen von Berater*innen daher im Kontext des gesamten Gesprächs betrachtet werden können. Gleichwohl steckt hinter der Angst, dass der*die Ratsuchende den Text an Dritte weitergeben könnte, häufig auch implizit der Wunsch, nicht auf bestimmte Aussagen festgenagelt werden zu wollen. Für viele Onlineberater*innen ist gerade dies ein spannender und wichtiger Punkt der Selbstreflexion, der sich auch auf die Achtsamkeit im Umgang mit Worten in der Präsenzberatung auswirkt. Und hierin steckt sogleich ein Paradoxon: Das gesprochene Wort ist weitaus flüchtiger, sodass Berater*innen scheinbar weniger Probleme damit haben, wenn der Ratsuchende einem Dritten vom Beratungsgespräch erzählt, als wenn er eine geschriebene Antwort des*der Berater*in weitergibt. Dies ist insofern erstaunlich, als dass der Präsenzberatung häufig zugeschrieben wird, dass sie (im Gegensatz zur Onlineberatung) verbindlicher und wahrhaftiger sei.

Bei der Mailberatung handelt es sich in der Regel um eine *one-to-one-Kommunikation*, bei der Ratsuchende*r und Berater*in miteinander in Kontakt stehen. Sie wird daher auch als eine besonders persönliche Form der Onlineberatung betrachtet (Knatz, 2013). Trotz – oder vielleicht gerade wegen – der meist anonym stattfindenden Kommunikation entwickeln sich so häufig lange Beratungsdialoge, die teilweise über mehrere Monate oder gar Jahre gehen.

Döring (1999) weist in diesem Zusammenhang auf ein Phänomen hin, dass in der Onlineberatung als »Nähe durch Distanz« (Knatz, 2009) bezeichnet wird: Der Wegfall der physischen Nähe und damit der Wegfall der Möglichkeit, Körpersignale wahrnehmen und interpretieren zu können, schafft eine psychologische Nähe. Diese entsteht, da die Kommunikation in diesem Setting offener und unmittelbarer erfolgt und Ratsuchende Probleme häufig schneller und direkter ansprechen können (Knatz, 2009; Eichenberg & Kühne, 2014).

Wie schon in → Kapitel 3.5 geschildert, kann das Schreiben an sich schon die Selbstreflexion des Ratsuchenden fördern. Beim Verfassen eines Textes werden oftmals andere Worte gewählt als beim Sprechen, es wird meistens auch auf grammatikalisch richtige Formulierungen Wert gelegt. Ein Text ist zudem im Gegensatz zu gesprochener Sprache in der Regel auch stärker systematisch strukturiert. Der*Die Schreibende ist gezwungen, sich verständlich auszudrücken, wenn er*sie erreichen möchte, dass sein*ihr lesendes Gegenüber versteht, worum es ihm*ihr geht. Der Prozess des Schreibens einer Mail unterliegt somit schon einem inneren Reflexionsprozess, da der*die Ratsuchende die Formulierungen genau auswählt und Unterscheidungen trifft, was wichtiger und was ggf. unwichtig ist. In Form von selbstreflexiven Dialogen können so Problembeschreibungen und Lösungsmöglichkeiten festgehalten und mit mehr Ruhe und Zeit überdacht und durchgespielt werden.

Häufig wird mit dem Argument der Niedrigschwelligkeit für die Onlineberatung und insbesondere für die Mailberatung geworben. Dies ist in vielerlei Hinsicht anhand der genannten Punkte auch richtig. Gleichwohl stellt das Verfassen eines strukturierten Textes auch hohe Anforderungen an den*die Verfasser*in, sodass auch ein vermeintlich niedrigschwelliges Angebot für bestimmte Personengruppen durchaus hohe Schwellen besitzen kann.

### 4.1.2 Chatberatung

Im Gegensatz zur Mailberatung findet die Kommunikation in der Chatberatung quasi-synchron statt. Das bedeutet, dass sich die Kommunikationsteilnehmer*innen auf einen gemeinsamen Termin verständigen müssen und in der Regel auch ein fester Zeitrahmen vereinbart wird, der für den Chat zur Verfügung steht.

Da beim Chatten keine simultane Übertragung des Inhalts stattfindet, sondern immer einzelne Textsequenzen gebündelt verschickt werden und diese dann vom*von der Empfänger*in auch gelesen werden müssen, handelt es sich nicht um eine synchrone Form der Kommunikation, sondern um quasi-synchrone Onlinekommunikation (Hintenberger, 2009). Dennoch wird im Kontext der Onlineberatung häufig von den synchronen gegenüber den asynchronen Formen der Onlineberatung gesprochen.

Bei der Beratung per Chat muss zwischen einer *one-to-one-Kommunikation* (Einzel-Chat) und einer *one-to-many-Kommunikation bzw. many-to-many-Kommunikation* (Gruppen-Chat) unterschieden werden. Die Anforderungen an Beratende variieren so auch je nach Setting: Während im Einzel-Chat die Konzentration auf eine*n Ratsuchende*n gebündelt werden kann, müssen Berater*innen im Gruppen-Chat in der Lage sein, mehrere Kommunikationsteilnehmer*innen und damit auch mehrere Kommunikationsstränge gleichzeitig wahrnehmen, verarbeiten und koordinieren zu können. Hierbei findet die Kommunikation meistens auch nicht nur zwischen Beratung und einer Gruppe Ratsuchender statt, sondern auch die Ratsuchenden kommen untereinander ins Gespräch. Die Rolle der Fachkraft im Gruppen-Chat ist somit häufig »eher« moderierend als beratend tätig zu sein.

Als eine weitere Form des Chats wird der »Experten-Chat« in der Onlineberatung häufig genannt. Gemeint ist hiermit in der Regel ein Gruppen-Chat, bei dem ein*e (externe*r) Expert*in zu einem bestimmten Thema eingeladen wird und die Fragen der Ratsuchenden beantwortet (Hintenberger, 2009). Zum Beispiel könnte eine Onlineberatungsstelle für Jugendliche eine*n Berufsberater*in einladen, der*die einen Chat zum Thema »Bewerbungen richtig schreiben« anbietet. In manchen Fällen wird der Expert*innen-Chat darüber definiert, dass es sich um einen Gruppen-Chat handelt, bei dem das Thema des Chats vorher feststeht. Der*Die Expert*in ist in diesem Fall ein*e Mitarbeiter*in der Onlineberatungsstelle. Diese Form des Chats unterscheidet sich durch die klare Themenstellung beispielsweise von der sogenannten »offenen Sprechstunde« (z. B. *bke-Onlineberatung*), bei der alle Ratsuchenden mit oder ohne vorherige Anmeldung spontan ihre Themen einbringen können. Manchmal wird der Zustrom der Teilnehmer*innen hierbei durch ein virtuelles Wartezimmer kanalisiert, sodass immer nur ein*e Ratsuchende*r mit dem*der Berater*in sprechen kann.

Wie die Anforderungen im Chat bewältigt werden können und welche Strukturierungsmöglichkeiten und methodischen Interventionen eingesetzt werden können, wird in → Kapitel 5.6 erläutert. → Tabelle 10 veranschaulicht die unterschiedlichen Chat-Formen in der Onlineberatung und deren Besonderheiten.

**Tabelle 10:** Überblick über die unterschiedlichen Chat-Formen und deren Besonderheiten

| Form | Kommunikationsart | Besondere Kennzeichen |
|---|---|---|
| Einzel-Chat | one-to-one | Nur zwei Gesprächspartner*innen, keine »Störungen« durch weitere Teilnehmer*innen. |
| Gruppen-Chat | one-to-many oder many-to-many | Mehrere Teilnehmer*innen, die teilweise gleichzeitig kommunizieren.<br>Hierdurch entstehen mehrere Gesprächsfäden gleichzeitig.<br>Hohe Anforderungen an die Beratungsfachkraft, das Gespräch zu moderieren und gleichzeitig beratend tätig zu sein.<br>In der Regel zu einem vorher festgelegten und angekündigtem Thema. |
| Expert*innen-Chat | one-to-many oder many-to-many | Mit einem oder mehreren (externen) Expert*innen zu einem fest definierten Thema.<br>Häufig mit einer Teilnehmer*innenbegrenzung.<br>Die Beratungsfachkraft der Onlineberatungsstelle nimmt eine rein koordinierende und moderierende Rolle ein und beantwortet selbst keine Fragen. |

| Form | Kommunikationsart | Besondere Kennzeichen |
|---|---|---|
| Offene Sprechstunde | one-to-one (bei Wartezimmer-Situation), one-to-many oder many-to-many | Mehrere Teilnehmer*innen, die teilweise gleichzeitig kommunizieren und ihre Themen einbringen.<br>Bei Wartezimmer-Variante besteht die Möglichkeit, dass immer nur ein*e Ratsuchende*r in den Chatraum kommt und mit der Beratungsfachkraft sprechen kann.<br>Es kann alles angesprochen werden, da kein Thema festgelegt wurde.<br>Dient oftmals zur Orientierung für die Ratsuchenden, die im Anschluss ihr Thema noch einmal in einer Mailberatung oder einem Einzel-Chat ausführlicher besprechen können. |

Da die Onlinesprache im Chat weitaus weniger formal ist als in der Kommunikation per Mail, ist diese Form der Beratung besonders auch für Personengruppen geeignet, denen das Formulieren eines strukturierten Textes schwerer fällt (Klein, 2015). Im Chat wird häufig auf Groß- und Kleinschreibung verzichtet und es werden weitaus häufiger nonverbale Elemente eingesetzt. Der Chat ähnelt in seiner Kommunikationsform durch den (schnellen) Wechsel der Schreibenden eher einem Dialog, in dem »sich Elemente des gesprochenen Gesprächs schriftbasiert manifestieren« (Eichenberg & Kühne 2014, S. 100) (→ Kapitel 3.1.1, 3.3.1 und 3.5).

### 4.1.3 Forenberatung

Die Beratung in Foren findet in der Regel öffentlich statt. Konkret bedeutet dies, dass eine unbegrenzte Anzahl von Personen an der Beratung partizipiert – sei es durch »stilles« Mitlesen oder auch durch aktives Mitschreiben in der Beratung.

In der Geschichte der Onlineberatung im deutschsprachigen Raum spielt die Forenberatung eine wichtige Rolle. So wurden Foren zunächst häufig in Form von Selbsthilfe-Communities eingesetzt, bevor Sie Ende der neunziger Jahre des letzten Jahrhunderts im Rahmen professioneller Beratungsangebote zum Einsatz kamen (Brunner, Engelhardt & Heider, 2009). Beispielhaft sind hier die *kids-hotline.de* (Angebot wurde Anfang 2014 eingestellt) sowie die Jugend- und Elternberatung der Bundeskonferenz der Erziehungsberatung *(bke-Onlineberatung)* zu nennen, die Ende der 1990er- bzw. Anfang der 2000er-Jahre damit begannen, ihre Klientel in Foren zu beraten.

Forenberatung findet als asynchrone Onlineberatung und in der Regel in Form von *many-to-many-Kommunikation* statt. Grundsätzlich ist es technisch möglich, eine Forenberatung zu schützen und somit in eine Einzelberatung zu überführen, sodass auch eine *one-to-one-Kommunikation* stattfinden kann. Dies geschieht beispielsweise, wenn ein Thema im Forum eine hohe Brisanz beinhaltet (z. B. Suizidalität) und der Ratsuchende sowie andere mitlesende Personen geschützt werden sollen.

Gerade aber die Möglichkeit des Mitlesens (sogenanntes »lurken«) stellt einen ganz besonderen Mehrwert von Forenberatung dar: Ratsuchende können, auch ohne sich im Angebot zu registrieren, in den Foren lesen. Sie erfahren, dass andere Ratsuchende ähnliche Probleme haben und erleben, dass diese mit ihren Anliegen ernst genommen werden. Es wird so möglich, sich einen ersten Eindruck von der Beratungsqualität der Onlineberatungsstelle zu verschaffen.

Das Eröffnen eines eigenen Beitrags im Forum kann, trotz der Anonymität durch einen zuvor gewählten Nickname, Überwindung kosten. Es bedeutet, »sich zu exponieren, auch auf die Gefahr hin, nicht verstanden, ignoriert oder stigmatisiert zu werden« (Brunner et. al., 2009, S. 82). In den meisten Fällen zeigt sich jedoch das Gegenteil: Die Ratsuchenden erhalten häufig viel Unterstützung, Verständnis und Ratschläge der anderen Nutzer*innen des Angebots. Diesen kommt in der Forenberatung eine besondere Rolle zu, da die Nutzer*innen von Forenberatung vor allem emotionale Unterstützung suchen und daher auch ganz gezielt nach dieser durch Gleichbetroffene suchen (Klein, 2008; 2015).

Die öffentliche Beratung in Foren bringt aber vor allem für die Berater*innen einige Besonderheiten mit sich, die in anderen Beratungssettings in der Regel nicht auftauchen. Sie sind zum einen mit der Situation konfrontiert, dass sie zwar eine*n Ratsuchende*n mit ihrem individuellen Anliegen begleiten und beraten, gleichwohl aber davon ausgehen müssen, dass die Beratungsantworten auch von anderen Mitlesenden mit einem ähnlichen Anliegen genutzt werden. Dies birgt Chancen aber auch Risiken und für die Berater*innen bedeutet es deshalb, sorgsam zu formulieren. Vor allem aber »wird beratendes Handeln nicht nur transparent, sondern auch kritisierbar« (Brunner et. al., 2009, S. 83). Dies wird von vielen Berater*innen zunächst als besonders herausfordernd und belastend erlebt, da sie in der Regel nicht gewöhnt sind, dass sie beim Beraten beobachtet werden.

Nicht zuletzt ist daher auch eine gute und regelmäßige Betreuung des Forums wichtig, um zu gewährleisten, dass beispielsweise keine Inhalte gepostet werden, die andere Nutzer*innen gefährden oder falsche Aussagen enthalten und damit auch dem Ansehen des Anbieters der Onlineberatung schaden können. Der Aufwand, Forenberatung anzubieten, ist weitaus höher als bei der Mail- oder Chatberatung, sodass das Forum für viele Beratungseinrichtungen zwar inhaltlich reizvoll, aber organisatorisch nicht umsetzbar ist.

Abschließend ist noch auf einen weiteren wichtigen Aspekt der Forenberatung hinzuweisen, der einen Mehrwert schafft:

> »Foren-Beratungen als Nicht-Betroffene/Angehörige mitlesen zu können, aus erster Hand Gefühle und Gedanken der Posterinnen zu erfahren, auch das mögliche Auf und Ab eines Beratungsprozesses zu erleben und damit ein erweitertes Verständnis für die Problematik der Betroffenen zu erlangen, kann als ein großer Gewinn von Foren-Beratung gewertet werden.« (Brunner et al., 2009, S. 87)

### 4.1.4 Messenger-Beratung

Ob bei der Nutzung von Messenger-Diensten von Beratung im originären Sinn gesprochen werden kann, ist durchaus umstritten. Nichtsdestotrotz spielt die Kommunikation über Messenger-Dienste eine immer größere Rolle, sodass sich auch im Bereich der Onlineberatung erste Projekte entwickelt haben, die Messenger einsetzen (z. B. Migrationsberatung online https://bayern.mbeon.de/home/(aufgerufen 29.03.2018)). Hierbei gilt wie bei den anderen Formen von Onlineberatung auch, dass sichere Übertragungswege gewählt werden müssen.

Die Kommunikation über einen Messenger ist zunächst einmal dem Chat sehr ähnlich. Gleichwohl gelten bei der Nutzung von Messengern andere Regeln: So wird z. B. nicht eine sofortige Antwort erwartet und statt eines zeitlich begrenzten Gesprächs entstehen eher latente Konversationsfäden, die zu unterschiedlichen Zeitpunkten wieder aufgenommen werden oder pausieren können. Während der Einsatz des Smartphones und entsprechender Apps oder Messenger-Tools teils noch sehr skeptisch betrachtet wird und gar ein fachlicher Qualitätsverlust befürchtet wird, bietet die Möglichkeit der mobilen Onlineberatung auch einige Vorteile und ist vor allem den technischen Entwicklungen und daraus resultierenden Nutzererwartungen angepasst (Thiery, 2012).

Im Frühjahr 2018 liegen noch keine wissenschaftlichen Erkenntnisse zur Nutzung von Messengern in der Onlineberatung vor. Die wenigen Erfahrungsberichte deuten an, dass die Nutzung von Messengern zwar in bestimmten Kontexten sinnvoll sein kann (z. B. zur Klärung kurzer, eher informationsbasierter Anliegen), jedoch kritisch beleuchtet werden muss, ob hierbei wirklich ein dialogischer Beratungsprozess gestaltet werden kann oder »nur« eine Informationsweitergabe stattfindet.

Löst man sich also von der Vorstellung, dass Onlineberatung nur über einen bestimmten Weg stattfindet und erweitert das Beratungsverständnis dahingehend, dass Beratungskontakte auch in der Onlineberatung über unterschiedliche Wege und Kanäle angebahnt werden können, ergeben sich neue Möglichkeiten. Messenger können so einen ersten Zugang zu einer (Online-)Beratung schaffen und in Phasen, in denen die eigentliche Beratung ruht, ein In-Kontakt-Bleiben ermöglichen.

## 4.2 Beratungskonzepte

Neben der Wahl bestimmter technischer Tools und Kommunikationskanäle wird Onlineberatung auch konzeptionell in unterschiedlicher Weise realisiert. Hierbei spielen unterschiedliche Formalisierungsgrade der Beratung (Sickendiek, Engel & Nestmann, 2008) bei der Umsetzung eine entscheidende Rolle. So kann zwischen formalisierter Beratung durch Fachkräfte (in der Regel mit Zusatzqualifikation in Onlineberatung), halbformalisierter Beratung durch Peer-Berater*innen (in der Regel mit einer besonderen Ausbildung in Onlineberatung) und informeller Beratung durch andere Nutzer*innen des Angebots unterschieden werden. Nach Klein (2015) ergeben sich hieraus unterschiedliche Dimensionen sozialer Unterstützung, auf die im Folgenden eingegangen wird.

### 4.2.1 Onlineberatung durch Fachkräfte

Onlineberatung erfolgt größtenteils durch Fachkräfte, die in Beratungsstellen tätig sind, deren Angebot auf die Onlineberatung ausgeweitet wurde. Unterschiede lassen sich aber durchaus in der Qualifizierung dieser Fachkräfte feststellen. Teils ist es vor allem für Ratsuchende nicht nachvollziehbar, ob die Berater*innen über eine besondere Qualifikation in Onlineberatung verfügen oder nicht. Bei größeren Trägern (z. B. bke oder pro familia) müssen die Beratungsfachkräfte eine entsprechende Ausbildung absolvieren, bevor sie in der Onlineberatung tätig werden.

So ist davon auszugehen, dass das Qualitätsniveau bei einzelnen Anbietern unterschiedlich ausgeprägt ist. Onlineberatung durch Fachkräfte bedeutet also nicht per se, eine qualitativ besonders hochwertige Beratung geboten zu bekommen (→ Kapitel 1.4).

Wird aber davon ausgegangen, dass die Beratungskräfte für die Onlineberatung entsprechend gut ausgebildet sind, können Ratsuchende erwarten, dass sie es mit einer Fachkraft zu tun haben, die neben der methodischen Kompetenz, das Onlineberatungsgespräch zu gestalten, vor allem in der Lage ist, auch mögliche Grenzen des Settings einzuschätzen und in andere qualifizierte Angebote zu vermitteln.

Fachkräfte in der Onlineberatung bieten nach Klein (2015) soziale Unterstützung in Form von Anerkennung und Würdigung der Ratsuchenden und deren Situation/Problem, fachlicher Beratung und dem Hinweis auf bzw. die Vermittlung an andere Unterstützungs-, Hilfe- oder Beratungsmöglichkeiten.

### 4.2.2 Onlineberatung durch Peer-Berater*innen

Unter Peer-Beratung, häufig auch als *Peer-Counseling* bezeichnet, wird ganz allgemein die Beratung durch Gleichbetroffene verstanden. In der Onlineberatung wird die Beratung durch Peers häufig im Bereich der Jugendberatung eingesetzt, die diese Form der Beratung auch gezielt suchen (Klein, 2008).

Peer-Berater*innen werden für ihre Tätigkeit speziell geschult, sollen aber auch bewusst vor dem Hintergrund ihrer persönlichen Erfahrungen und ihrem Erfahrungshorizont beraten (Benke, 2010; Engelhardt, 2010). In der Regel wird die Beratung durch Peers durch pädagogische (und für Onlineberatung qualifizierte Fachkräfte) begleitet (z. B. *kids-hotline, [U25] Onlineberatung, YouthLifeLine*). So findet der Beratungskontakt zwar zwischen Peer-Berater*in und Ratsuchendem*r statt, die Peers erhalten aber fachliche Unterstützung durch eine Fachkraft. Hierbei geht es vor allem darum, mit ihnen Beratungsprozesse zu reflektieren und mögliche Schwierigkeiten oder Probleme mit Beratungen zu klären.

»Wir haben, denke ich, mehr Geduld für die ›kleineren‹ Probleme der User, weil sie vielleicht bei uns noch gar nicht so weit zurückliegen. Das macht uns besonders, weil wir eben doch letztendlich nur aus unserer Erfahrung heraus beraten können, weil einfach keinerlei Fachwissen zu Grunde liegt, jedenfalls keins was wir durch Studium, Ausbildung etc. erworben haben.

> Wir beraten dahingehend, wie wir vielleicht selbst handeln würden usw.«
> (Gustav, Peer-Berater)

Aber auch in anderen Beratungsbereichen werden Peer-Berater*innen eingesetzt (z. B. pflegende Angehörige, Suchtberatung etc.). Allen gemein ist, dass sie in der Regel als Ehrenamtliche tätig sind. Die Motivation, sich auf diesem Weg für andere zu engagieren, entsteht häufig vor dem Hintergrund, ihre Erfahrungen an andere weitergeben zu wollen (Engelhardt, 2010; Egli, 2015).

### 4.2.3 Beratung durch andere Nutzer*innen

Neben der klassischen Online-Selbsthilfe wird auch in der Onlineberatung auf die Kompetenzen anderer Nutzer*innen gesetzt. Diese Form der gegenseitigen Unterstützung ist konzeptionell gewollt und wird von Fachkräften und/oder Peer-Berater*innen begleitet.

Die Beratung von Nutzer*innen untereinander kann in der Regel nur im Forum oder dem Gruppenchat stattfinden. Mitarbeiter*innen des Angebots achten darauf, dass die Informationen, die die Nutzer*innen untereinander austauschen, sachlich und fachlich richtig sind und greifen ggf. ein, um Missverständnissen vorzubeugen. Darüber hinaus achten sie darauf, dass die Nutzer*innen miteinander respektvoll umgehen und es nicht zu Beschimpfungen untereinander oder Überforderungen der anderen Nutzer*innen durch ein möglicherweise sehr belastendes Thema kommt (Eichenberg & Kühne, 2014).

Klein (2015) betont, dass gerade die Vielzahl unterschiedlicher sozialer Unterstützungsoptionen für Ratsuchende ein Angebot besonders attraktiv machen kann. Klein weist jedoch auch explizit auf eine Nutzer*innengruppe und deren besonderen Bedürfnisse hin, die in der Onlineberatung häufig unterrepräsentiert sind:

> »Hilfesuchende mit formal niedriger Bildung ebenso wie Ratsuchende, deren Probleme und Erfahrungen nicht von einer Vielzahl anderer Nutzer*innen geteilt werden, [sind] in besonderem Maße auf die Unterstützung der Fachkräfte angewiesen.« (S. 143)

## 4.3 Einsatzfelder und Organisationsformen von Onlineberatung

Der Einsatz einer Onlineberatung ist inzwischen in fast allen psychosozialen Beratungsfeldern etabliert.

Unter anderem in folgenden Feldern kommt Onlineberatung zum Einsatz:

- Ehe-, Lebens- und Familienberatung
- Erziehungsberatung
- Jugendberatung
- Sexualberatung
- Suchtberatung
- Beratung für Opfer von Gewalttaten/sexualisierter Gewalt
- Schuldnerberatung
- Aidsberatung
- Schwangerenberatung
- Beratung von Angehörigen von Straffälligen
- Beratung für pflegende Angehörige

Diese Liste ist nicht als vollständig anzusehen, denn fast täglich tauchen neue Angebote auf, die sich an immer spezifischere (und häufig bislang vernachlässigte) Zielgruppen richten (z. B. pflegende Jugendliche) oder besondere Themen behandeln (z. B. vertrauliche Geburt).

Organisiert werden diese Angebote unterschiedlich. Es gibt Angebote, die trägerübergreifend organisiert sind, wie beispielsweise die *bke-Onlineberatung,* an der Beratungsstellen unterschiedlicher großer Träger partizipieren. Die beteiligten Beratungsstellen bringen ihre Leistungen nach einem Beschluss der Jugendministerkonferenz vom Mai 2003 nach dem Königsteiner Schlüssel (dieser legt fest, wie die einzelnen Länder der Bundesrepublik Deutschland an gemeinsamen Finanzierungen zu beteiligen sind) ein.

Andere Angebote sind lebenslagenübergreifend organisiert, wie die Onlineberatung der Caritas, der mehrere hundert Beratungsstellen der verbandlichen Caritas angehören und die ein thematisches Spektrum möglicher Lebenslagen abdeckt (von allgemeinen sozialen Problemen über Schwangerschaft bis hin zu Schulden und Fragen im Alter).

Die dritte Form ist zielgruppenspezifisch organisiert und spricht ganz dezidiert eine Gruppe von Personen und deren Themen an, wie z. B. trauernde Jugendliche, pflegende Angehörige oder Opfer rechtsextremistischer Gewalt.

Diese Organisationsformen charakterisieren sich außerdem häufig dadurch, dass sie sich durch Spendengelder oder Projektmittel finanzieren, was immer auch eine gewisse Unsicherheit über die Nachhaltigkeit des Angebots mit sich bringt. Die Problematik der Finanzierbarkeit von Onlineberatung wird in → Kapitel 10 noch einmal ausführlicher erläutert.

## 4.4 Online-Supervision und Online-Coaching

Nachdem zunächst die klassischen psychosozialen Beratungsfelder Onlineberatung als Reaktion auf die veränderten Kommunikationsstrukturen ihrer Klientel angeboten haben, haben auch Supervisor*innen und Coaches die Onlineberatung für sich entdeckt.

Für die Onlineberater*innen ist diese Entwicklung vor allem vor dem Hintergrund wichtig, da sie ihnen eine Reflexionsmöglichkeit über ihre Tätigkeit gestattet, die im gleichen Setting stattfinden kann (→ Kapitel 9.1).

Online-Supervision und -Coaching unterscheiden sich von Onlineberatung vor allem in Hinsicht auf das Zustandekommen des Kontaktes. Während Onlineberatung nach wie vor meistens als anonymes Angebot stattfindet, spielt die Anonymität bei diesen beiden Formen in der Regel keine Rolle. Im Gegenteil: Online-Coaching findet zumeist in Form eines videogestützten Angebots statt, sodass eine vollständige Anonymität gar nicht möglich wäre.

Da Supervisor*innen und Coaches zumeist freiberuflich oder selbständig tätig sind, ist das Angebot kostenpflichtig. Während in den klassischen Supervisions- und Coaching-Settings gewöhnlich nach Stundensatz abgerechnet wird, müssen nun neue und für die Kunden nachvollziehbare Preise kalkuliert werden: So gibt es Abrechnungsmodelle, bei denen pro Mail, Chat- oder Video-Stunde abgerechnet wird, andere bieten Paketpreise an. Auch wenn Supervisor*innen und Coaches auf der einen Seite Zeit einsparen, da z. B. keine Anfahrtszeit nötig ist, müssen onlinespezifische Ausgaben (Internetanschluss, spezielle Software etc.) auf der anderen Seite mit einkalkuliert werden. Onlineberatungszeit ist genauso wertvoll wie Präsenz-Beratungszeit und sollte deshalb nicht weniger kosten.

Auf den ersten Blick unterscheidet sich die konzeptionelle Umsetzung von Online-Supervision und Online-Coaching von klassischen Onlineberatungsangeboten im psychosozialen Feld kaum. So sind vor allem drei Formen auf dem Markt zu finden:

- Online-Coaching/Online-Supervision als eigenständiges Angebot (neben anderen)

- Blended Coaching/Blended Supervision als systematische Verknüpfung von »Distanzberatung« (Telefon/Smartphone, Video, Textbasierte Onlineberatung etc.) und »Präsenzberatung« (vor Ort im direkten Gespräch miteinander)
- Dialogisch vs. »Programmcharakter«

Der letzte Punkt ist aber durchaus eher spezifisch für Online-Coaching, da in diesem Bereich häufiger mit programmartigen Methoden gearbeitet wird als in der Supervision.

Weitere Informationen zu »Online-Coaching mit Programmcharakter« finden Sie unter: https://www.virtuelles-coaching.com/ (aufgerufen 08.03.2018).

Lesetipp zum Thema »Online-Coaching«: Justen-Horsten & Paschen (2016): *Online-Interventionen in Therapie und Beratung. Ein Praxisleitfaden.* Welchen Nutzen vor allem Online-Supervision für die Onlineberatung hat und wie diese konkret stattfinden kann, wird in → Kapitel 9.1 vorgestellt.

### Auf einen Blick

Onlineberatung wird mit Hilfe unterschiedlicher Kommunikationstools und in verschiedenen Organisationsformen realisiert. Hierbei spielen vielzählige Faktoren für die Ausgestaltung und Umsetzung des Onlineberatungsangebots eine Rolle. Die Auswahl dieser Faktoren erfolgt nicht beliebig, sondern ist an konzeptionelle und organisatorische Bedingungen geknüpft. So arbeiten größere Träger häufig mit zentralen Beratungsplattformen, während kleinere Anbieter manchmal nur mit einzelnen Berater*innen das Angebot betreiben. Neben den klassischen Feldern der Sozialen Arbeit findet Onlineberatung auch zunehmend im Kontext von Coaching und Supervision statt.

# 5 Methoden der textbasierten Onlineberatung

> »Als die erste Mail auf meinem Bildschirm auftauchte, war ich erstmal überfordert. Ich begann sofort zu überlegen, was ich jetzt schreiben soll und es kamen mir viel zu viele Ideen in den Sinn. Ich habe dann einfach drauflosgeschrieben und schon beim Schreiben das Gefühl gehabt, doch nicht die richtigen Worte zu finden. Ich habe ja nur diese eine Chance. Es gibt kein Nachsteuern wie in der Face-to-face-Beratung. Das hat mich verunsichert.« (Klaus, Onlineberater)

Man kann sich Texten in der Onlineberatung auf unterschiedliche Art und Weise nähern. Im Folgenden werden Techniken, Strukturierungshilfen und Leitfäden für die textbasierte Onlineberatung vorgestellt. Da sich die Beratung per Mail, im Chat und im Forum in manchen Punkten stark unterscheiden, werden diese auch getrennt voneinander beschrieben.

Beispiele und Übungen bieten die Möglichkeit, die Methoden konkret kennenzulernen und selbst zu erproben.

Die Vorstellung einiger Grundhaltungen für die Onlineberatung bildet den Einstieg in das Thema.

## 5.1 Grundhaltungen für die Onlineberatung

Der Wahl bestimmter Methoden zur Gestaltung von Beratungsprozessen liegen zunächst einmal beraterische Haltungen zugrunde. Diese Haltungen bestimmen, wie die Beratungsfachkraft die Ratsuchenden sieht und mit ihm*ihr umgeht und wie er*sie die eigene Beratungsrolle definiert.

Für die Onlineberatung haben sich vor allem Grundhaltungen der systemischen und klientenzentrierten Beratung und Therapie etabliert (Engelhardt, 2011; Fieseler & Hentschel, 2011; Eichenberg & Kühne, 2014; Justen-Horsten & Paschen, 2016). Im Kontext der Onlineberatung erfahren Grundhaltungen, die ihren Ursprung in der Face-to-Face-Beratung haben, teils eine neue Interpretation.

Im Folgenden werden einige Grundhaltungen beschrieben, die als zentral für die Onlineberatung erachtet werden können.

### 5.1.1 Neutralität und Neugier

In der schriftbasierten Onlineberatung findet kein direkter visueller Kontakt mit der ratsuchenden Person statt. Diese Beschränkung der Wahrnehmung (Kanalreduktion) stellt jedoch durchaus eine Chance dar, da sie dem*der Berater*in zunächst auch mehr Neutralität ermöglicht. Es gibt keine ablenkenden Hinweisreize, die die Fachkraft in eine bestimmte Richtung beeinflussen, wie es Lang (2002) beschreibt:

> »Wir sind in der Lage, mit minimalen Informationen ein Ganzes herzustellen. […] Die Art, wie uns der Klient begrüsst [sic!], wie er sich zum Stuhl bewegt, wie er sich räuspert, wie er zu sprechen beginnt, all dies lässt in uns ein Bild entstehen, wohl mehr unbewusst als bewusst. Und manche Therapeuten wären dann schon in der Lage, den Typen zu charakterisieren […]. Hier spielen die Gesetze von Selektion und Inferenz, wie sie in der Personenwahrnehmung psychologisch beschrieben werden. Es ist ein gutes Stück Konstruktion einer Wirklichkeit.« (S. 5)

So beschreiben viele Onlineberater*innen auch die Erfahrung, zunächst einmal nur mit einem Text arbeiten zu können, durchaus positiv, weil sie Zeit haben, sich auf das Mitgeteilte zu konzentrieren und auf sich wirken zu lassen und weniger stark abgelenkt sind. Die Vorstellung, dass nur eine kopräsente Beratungskommunikation der Beratungskraft ermöglicht, zu einer Einschätzung des Klienten*der Klientin und seines Anliegens zu kommen, darf also durchaus kritisch hinterfragt werden.

Hinter einer neugierigen Grundhaltung steckt das Interesse der Fachkraft am Geschriebenen. Dieses kann sie durch gezieltes Nachfragen zum Ausdruck bringen. Indem sie auf Textstellen explizit eingeht und deutlich macht, dass sie um ein Verstehen bemüht ist, drückt sie echtes Interesse am Ratsuchenden und seiner Situation aus.

### 5.1.2 Empathie und Wertschätzung

Die Grundhaltungen der Empathie und Wertschätzung werden in allen Beratungssituationen als essentiell wichtig beschrieben. Für die schriftbasierte Onlineberatung spielen sie insofern eine besondere Rolle, da die Ratsuchenden im Vergleich zu einer Gesprächssituation häufig stärker in Vorleistung gehen. Beim Schreiben einer Mail oder eines Beitrags in einem Beratungsforum wissen sie oft noch nicht, wer das Geschriebene lesen wird und wie die Reaktion darauf aussehen wird. Sie haben keine Möglichkeit, wie z. B. im Gespräch anhand von Regungen des Gegenübers, zu entscheiden, wieviel sie von sich preisgeben wollen.

Umso wichtiger ist es, dass der Ratsuchende und sein Text Anerkennung und Wertschätzung erfahren. Wenn es der Beratungskraft gelingt, die Zwischentöne eines Textes zu erfassen und dies dem Ratsuchenden zu spiegeln, fühlt sich dieser verstanden und gut aufgehoben (Lang, 2015).

### 5.1.3 Kongruenz und Transparenz

In der Onlineberatung kommunizieren Menschen mittels Texten miteinander. Einem Text offen und vorurteilsfrei zu begegnen, mag auf den ersten Blick relativ einfach erscheinen. Doch in der intensiven Auseinandersetzung mit dem Geschriebenen entstehen beim Leser*bei der Leserin unterschiedliche Bilder, Phantasien und Impulse. Mit diesen konstruktiv umzugehen und zu entscheiden, welche dieser auf welche Weise mit dem Ratsuchenden geteilt werden, ist die größere Herausforderung. Wichtig ist, dass es der Fachkraft gelingt, dem*der Ratsuchenden das eigene Vorgehen transparent zu erläutern und über den Text einen Kontakt herzustellen, der durch Kongruenz gekennzeichnet ist. Dies kann z. B. gelingen, indem der*die Berater*in offen schreibt, wenn er*sie den Eindruck hat, dass sich die Beratung im Kreis dreht und er*sie sich nicht sicher ist, wie es im nächsten Schritt weitergehen soll. Diese Echtheit der Fachkraft kann es dem*der Ratsuchenden ermöglichen, darauf einzugehen und auch eigene Unsicherheiten anzusprechen.

Aber auch das Ansprechen möglicher Grenzen gehört zur notwendigen Transparenz im Onlineberatungsprozess. So wird es Situationen geben, in denen der*die Berater*in möglicherweise einen Onlineberatungsprozess beenden wird, weil Störungen auf der Beziehungsebene eine Weiterführung des Beratungsverlaufs nicht erlauben.

### 5.1.4 Konstruktivismus

Ausgehend von der Annahme, dass jeder Mensch seine eigene Wirklichkeit konstruiert und es somit nicht *die eine Wirklichkeit,* sondern vielmehr viele Konstruktionen von Wirklichkeit gibt, wird Beratenden ein wichtiger Hinweis für ihre Arbeit gegeben. Für die Onlineberatung kommt noch ein weiterer Aspekt hinzu: Menschen *beschreiben* Dinge meistens in ganz anderen Worten, als sie diese *besprechen* würden.

Von welcher Beratungswirklichkeit gehen wir in der Onlineberatung aus? Zunächst einmal entsteht diese Wirklichkeit durch Kommunikation. Da die Kommunikation per Mail, Chat oder im Forum immer zunächst schriftlich stattfindet, könnte man sagen, dass nicht Menschen, sondern Texte miteinander kommunizieren (Thiery, 2013). Insofern ist es durchaus nützlich, z. B. eine Mail zunächst losgelöst von der Person, die sie verfasst hat, zu lesen. Denn der Text wird dem*der Berater*in als Ergebnis eines Selbstbeobachtungsprozesses präsentiert und dem*der Leser*in fehlen Stimme und damit Ausdruck des Verfassers*der Verfasserin. Brunner (2006) weist auf einen wichtigen Aspekt hin, indem er feststellt:

> »Methodisch heißt das, dass ich vorerst einmal einem Text begegnen muss und nicht einer Person, wenn auch anzunehmen ist, dass dieser Text von einer Person stammt. Der Text ist jedoch niemals die Person selbst, sondern Ausdruck und Produkt der Person, die ihn verfasst hat.« (S. 3)

Einem Text in diesem Bewusstsein zu begegnen, entspricht nicht zuletzt auch einer konstruktivistisch geprägten Haltung, die davon ausgeht, dass Wirklichkeit durch einen subjektiven Wahrnehmungsprozess konstruiert wird. Onlineberater*innen müssen also einen Spagat schaffen und den eigenen Interpretationen zum Text einen Raum geben, sich jedoch gleichzeitig nicht ausschließlich von diesen leiten lassen (Engelhardt, 2014b; Justen-Horsten & Paschen, 2016).

In der Onlineberatung findet der soziale Akt des Aufeinandertreffens auf Worte begrenzt statt, die meistens (sofern der Erstkontakt nicht im Chat stattfindet) einseitig abgeschickt werden und von den Ratsuchenden mit einem Vertrauensvorschuss der Fachkraft gegenüber versehen sind.

Auch Sprache bzw. die Auswahl von Worten und Sinnzusammenhängen stellen eine Konstruktion dar. Eberhart (2006) beschreibt die Komplexität von Sprache sehr anschaulich, indem er sie in verschiedene Kategorien einteilt und hieraus wichtige Hinweise für Berater*innen und ihren Umgang mit diesen formuliert. So nennt er als einen wesentlichen Aspekt die Notwendigkeit, sich über Rückfragen immer wieder zu vergewissern, ob das, was man als Berater*in verstanden hat, auch dem entspricht, was von dem*der Ratsuchenden gemeint war.

> »Werden [...] Fragen aus einer wertschätzenden-neugierigen Haltung heraus formuliert, dienen sie nicht nur der Klärung des Inhalts. Sie vertiefen die beraterische Beziehung, da der Berater sichtbar macht, dass er sich um Verstehen bemüht. Der Ratsuchende fühlt sich dadurch wichtig und ernst genommen.« (Eberhart, 2006, S. 130)

Ist den Beratenden also bewusst, dass ihre Konstruktion der Wirklichkeit – einschließlich der Verwendung und dem Verstehen von Sprache – nicht der ihrer Klient*innen entspricht und daher auch unterschiedliche Wahrnehmungen ins Bewusstsein gerückt werden müssen, kann es ihnen gelingen, den Bedürfnissen der Ratsuchenden gerecht zu werden, indem sie ihnen mit angemessener Neutralität begegnen (→ Kapitel 5.1.1).

## 5.2 Lesetechniken

Zunächst einmal steht das Lesen im Vordergrund. Die Mail oder der Forenbeitrag ist eingegangen und der*die Beratende muss sich mit dem Text auseinandersetzen. Es gibt auf der einen Seite keine Möglichkeit, den Ratsuchenden zu unterbrechen, um Nachfragen zu stellen. Auf der anderen Seite kann den eigenen Reaktionen freien Lauf gelassen werden, da sie vom Ratsuchenden nicht unmittelbar wahrgenommen werden.

Das Lesen im Chat erfolgt unter einer ganz anderen Dynamik als in einem asynchronen Onlineberatungssetting. Im Chat geht es vor allem um das schnelle Rezipieren und Reagieren, sodass Lesetechniken, die bei der Mailberatung funktionieren, hier eher weniger geeignet sind. Dennoch ist die eine oder andere Lesetechnik insofern auch für den Chat hilfreich, als dass sie die Beratenden dabei unterstützen können, Geschriebenes auf unterschiedliche Art und Weise wahrzunehmen und die eigene Reaktion in Form einer Antwort auf den Text beeinflussen.

Beim Lesen von Beratungsanfragen geht es zuerst um das Verstehen – und darin besteht ein Paradoxon, denn ein Text kann nicht abschließend »richtig« verstanden werden. Folgt man der Theorie der Hermeneutik, bei der es um das Deuten, Auslegen und Verstehen von Texten geht, so kann ein Text nur in seinem Gesamtzusammenhang verstanden werden. Gleichwohl kann der Gesamtzusammenhang aber auch nur aufgrund der einzelnen Worte und Bestandteile des Textes verstanden werden. Der*Die Leser*in muss zudem ein Vorverständnis über das Beschriebene mitbringen, da sich die Bedeutung des Verstandenen nur vor seinem eigenen Erfahrungs- und Erlebnishintergrund entwickeln kann. Vor diesem Hintergrund ist es zunächst wichtig, dass ein Text nicht nur einmal gelesen und dann sogleich beantwortet wird. Das mehrmalige Lesen des Textes empfiehlt sich, um sich schrittweise einem zirkulären Verstehen des Geschriebenen anzunähern und dabei vorschnelle und unreflektierte Handlungsimpulse möglichst zu vermeiden.

Lang (2004) schlägt daher eine Technik des dreimaligen Lesens eines Beratungstextes vor:

> »1. Im ersten Durchgang sollte man den Text als Ganzes auf sich wirken lassen. Hierbei werden einem schon bestimmte Einzelheiten auffallen, jedoch geht es in dieser Phase darum, sich nicht an Einzelheiten aufzuhalten, sondern zunächst das große Ganze zu betrachten.
> 2. Beim zweiten Lesen geht es nun darum die Einzelheiten genauer unter die Lupe zu nehmen. Sie können als zusätzliche Hinweise zur Kernaussage des Textes oder aber als Modifikationen der Kernaussagen verstanden werden. Hieraus lassen sich sodann erste Arbeitshypothesen bilden. An dieser Stelle ist es hilfreich, sich erste Notizen zu machen.
> 3. Beim dritten Lesedurchgang werden die Arbeitshypothesen überprüft. Dies geschieht durch das Lesen von Satz zu Satz, jedoch im Wissen um das große Ganze.« (o. S.)

Lang (2004) beschreibt hiermit eine Lesetechnik, die stark an der hermeneutischen Theorie orientiert ist und ermöglicht, dass Details und Teilstücke eines Beratungstextes Beachtung finden, ohne dass sie zu stark in den Vordergrund gerückt werden. So soll vermieden werden, dass vorschnelle Deutungen ungefiltert verarbeitet werden. Der Text wird bei dieser Lesart im Gesamten verstehbar durch die einzelnen Aussagen und Worte und gleichwohl sind die Einzelheiten auch nur im Kontext des gesamten Textes verstehbar.

Wichtig bleibt, dass sich Onlineberater*innen bewusst darüber sind, dass sich ein Text niemals objektiv deuten lässt (Lang, 2010). Es geht um eine schrittweise Annäherung und den Versuch, den Ratsuchenden möglichst gut zu verstehen:

> »Die genaue Erfassung der Bedeutung, der Nuancen und des Tones einer textbasierten Kommunikation ist die beste Voraussetzung dafür, dass Klien-

ten profitieren können, weil sie sich verstanden fühlen, weil sie den Glauben gewinnen, dass der Berater betroffen und empathisch ist, und dass er bei diesem spezifischen Problem helfen kann.« (Lang, 2015, S. 99 f.)

Eine andere Möglichkeit des Lesens von Beratungstexten beschreibt Brunner (2006). Bei seiner Leseanleitung geht es darum, sich dem Text über vier unterschiedliche Zugänge anzunähern:

Arbeitsblatt Digitales Lesen

1. **Psychoanalytisches Lesen:** Bei dieser Variante geht es darum, nicht nur die offensichtlichen Inhalte des Textes wahrzunehmen, sondern auch den verborgenden Aussagen des Beratungstextes Raum zu geben. Die beim Lesen des Textes entstehenden Bilder, Gedanken und Gefühle werden hierbei vor dem Hintergrund eigener Erfahrungen und Interpretationen gedeutet. Auch mögliche Gegenübertragungen, die beim*bei der Leser*in ausgelöst werden, sollen einbezogen werden. Da die Gefahr besteht, sich hierbei in den eigenen Interpretationen zu sehr zu verlieren und nicht nah genug beim latenten Inhalt des Textes zu bleiben, sollte, wenn möglich, eine*n Kolleg*in herangezogen werden, mit dem*der die eigenen Wahrnehmungen besprochen und einer Prüfung unterzogen werden können.
2. **Phänomenologisches Lesen:** Einem Text auf diese Weise zu begegnen, bedeutet zunächst alle eigenen Vorannahmen, Vermutungen und Erwartungen zurückzuhalten. Es geht darum, den Inhalt des Textes zu beschreiben, aber nicht zu erklären oder zu bewerten und beim Text selbst zu bleiben, ohne zu tief einzutauchen. Die Annäherung an den Text soll so möglichst objektiv und sachlich erfolgen.
3. **Dialogisches Lesen:** Bei dieser Lesetechnik geht es nun darum, den Text zu sich sprechen zu lassen und die eigenen Reaktionen, Gedanken oder Fragen hierzu zu notieren. Der*Die Lesende kann sich hierzu vorstellen, dass jemand zu ihr*ihm spricht und kann ihre Reaktionen wahrnehmen und ggf. als Grundlage für die eigene Antwort auf den Text nutzen. Es ist auch möglich, Überlegungen darüber anzustellen, wer durch den Text noch angesprochen wird (z. B. Familienmitglieder, Kolleg*innen etc.) und diese Aspekte bei der Beantwortung mit aufzunehmen.
4. **Technisches Lesen:** Bei dieser letzten Form des Lesens geht es darum, einen Text sehr analytisch zu betrachten. Struktur, Schreibstil, sprachliche Besonderheiten und Wortwahl stehen hierbei im Vordergrund. Es handelt sich um eine eher nüchterne Betrachtung des Textes, die aber über den*die Verfasser*in und seine*ihre (expliziten und impliziten) Intentionen Aufschluss geben kann.

Brunners vier Lesetechniken lassen sich natürlich nicht komplett isoliert voneinander anwenden. Beim Versuch phänomenologisch zu lesen, wird man auch immer wieder in psychoanalytisches Lesen geraten und an der einen oder anderen Stelle mit dem Text in einen Dialog treten. Nutzt man diese Techniken aber ganz bewusst, so sind sie hilfreich, um sich einem Beratungstext (und damit auch dem Verfasser*der Verfasserin des Textes) schrittweise anzunähern. Bei sehr langen Texten fällt z. B. psychoanalytisches Lesen manchmal schwer und es hilft, den Text einmal rein technisch zu betrachten, um wieder etwas Abstand von den Inhalten zu gewinnen.

### Übung: Beratungsanfrage verstehen

Lesen Sie die folgende Beratungsanfrage und wenden Sie die vier unterschiedlichen Lesetechniken von Brunner (2006) an. Halten Sie Ihre Ergebnisse in Stichworten fest und vergleichen Sie abschließend die Unterschiede, die sich beim Anwenden der unterschiedlichen Lesetechniken ergeben.

Fallbeispiel 1:
»Hallo,
ich wende mich heute an Sie, weil ich nicht mehr weiter weiß.
Ich bin 45 Jahre alt - so mitten im Leben - und doch daneben.
Oooooo das ist schon fast lustiger Reim.
Mein Leben ist aber nicht so lustig. Ich bin verheiratet und mein Partner hat eine Arbeitsstelle 400 km entfernt von hier. Er kommt immer am Wochenende und das ist anstrengend. Wir haben 2 Jungs. Sie sind 16 und 18 Jahre alt und auch sehr anstrengend. So schlage ich mich unter der Woche mit den Jungs rum und dann kommt Freitag Vater eingeflogen und es läuft Wochenendbetrieb. Wir leben alle in verschiedenen Welten.
Ich bin nicht berufstätig, weil ich in dem erlernten Beruf als Erzieherin nicht mehr arbeiten kann. Meine Einstellung zum Beruf hat sich verändert und ich bin auch für den Berufsalltag nicht belastbar. So putze ich das Haus, gehe zum Yoga, Tanzen, Malen oder lese Bücher. Manchmal treffe ich mich mit Freundinnen, doch sie können mir in meinem Leben in den verschiedenen Welten auch nicht helfen.
Haben Sie eine Idee, wie ich mit den verschiedenen Welten klarkommen kann?
Helga«

Folgendermaßen könnten die Ergebnisse aussehen:
*1. Psychoanalytisches Lesen:* Eine Frau, die sich ihr Leben anders vorgestellt hat. Sie fühlt sich erschöpft, vieles ist für sie anstrengend. In mancher Hinsicht schon resignativ, aber dennoch an einer Lösung interessiert. Fühlt sich zwischen den Stühlen und kommt mit ihren Kindern und mit ihrem Mann nicht (mehr?) in Kontakt, da alle in verschiedenen Welten leben.
*2. Phänomenologisches Lesen:* Frau, 45 Jahre alt, verheiratet, 2 Kinder im Jugendalter, Mann arbeitet 400 km weit weg und ist nur am Wochenende zuhause, Ausbildung zur Erzieherin, aber nicht mehr berufstätig, nicht mehr belastbar, zahlreiche Hobbies, Freundinnen mit denen sie die Freizeit verbringt, alle leben in verschiedenen Welten, möchte wissen, wie sie damit klarkommen kann.
*3. Dialogisches Lesen:* Da müssen Sie ganz schön was leisten! Warum können Sie denn nicht mehr arbeiten? Wie sieht ihr Mann das Ganze wohl? Wie lange leben Sie schon so? War es auch mal anders? Ich höre da leichte Vorwürfe an Ihren Mann und die Kinder …
*4. Technisches Lesen:* Einfach aber klar strukturierter Text, Rechtschreibung in Ordnung, kleine grammatikalische Fehler. Verwendet bildhafte Sprache (»Welten«), Einleitung und Abschluss der Mail beziehen sich aufeinander.

## 5.3 Strukturierungshilfen

Das Lesen und anschließende Schreiben, also das Beantworten einer Mailanfrage oder eines Forenbeitrags liegen nah beieinander. Schon beim Lesen entstehen erste Fragen oder Kommentare, die teils in die spätere Beratungsantwort einfließen werden.

Gerade als Anfänger*in in der Onlineberatung ist es oftmals hilfreich, sich neben bestimmten Lese- und Schreibtechniken mit Strukturierungshilfen Orientierung zu verschaffen. Im Folgenden werden unterschiedliche Modelle und Konzepte vorgestellt, die für die Strukturierung hilfreich sind.

### 5.3.1 Das Integrative Qualitätssicherungsmodell (IQSM)

Eidenbenz (2009) hat mit seinem Kollegen Lang ein Modell entwickelt, das den Beratenden ein systematisches Vorgehen beim Bearbeiten einer Anfrage ermöglicht. Das Integrative Qualitätssicherungsmodell (IQSM) bezieht hierbei inhaltliche und beziehungsspezifische aber auch unbewusste Aspekte mit ein. Das Qualitätssicherungsmodell ist in fünf Phasen aufgeteilt und umfasst neben der Einschätzung des Ratsuchenden die Entwicklung der Beantwortungsstrategie sowie die Reflexion der Fachkraft, das Feedback des Ratsuchenden und die abschließende Evaluation der Beratenden (Eidenbenz, 2009). An dieser Stelle wird nur die erste Phase beschrieben, die anderen Phasen werden in → Kapitel 9 beschrieben.

Bei der Einschätzung des*der Ratsuchenden geht es darum, dass die Beratungskraft prüft, welche Informationen über den*die Ratsuchende*n bereits vorliegen, welche nicht und welche emotionalen Reaktionen sie an sich wahrnimmt. Hierzu bietet Eidenbenz (2009) einen Fragenkatalog an, den Berater*innen beim Bearbeiten einer E-Mail-Anfrage ausfüllen können. Dabei soll anhand einer vierstufigen Skala angegeben werden, wie man den*die Klientin mit seiner*ihrer Anfrage einschätzt.

Arbeitsblatt Integratives Qualitätssicherungsmodell (IQSM)

**Tabelle 11:** Einschätzung des Ratsuchenden, Integratives Qualitätssicherungsmodell (IQSM) von F. Eidenbenz und J. Lang (nach Eidenbenz, 2009, S. 221 f.)

| | 1 | 2 | 3 | 4 |
|---|---|---|---|---|
| **Emotionalität**<br>Welche Emotionen nehme ich wahr?<br>Qualität der Gefühle? | nüchtern | | | emotional |
| **Nähe oder Distanz**<br>Wie nahe oder distanziert erlebe ich das virtuelle Gegenüber?<br>(Anrede, Formulierungen) | distanziert | | | nahe |
| **Dringlichkeit**<br>Wie dringlich ist die Anfrage? | niedrig | | | hoch |
| **Problemdruck/Leidensdruck**<br>Wie hoch schätze ich den Druck ein? | niedrig | | | hoch |
| **Fragestellung**<br>Wie verständlich, klar, diffus ist die Frage? | diffus | | | klar |
| **Informationen zur Person**<br>Wie viele Informationen bekomme ich zur Person?<br>Geschlecht, Stand, Arbeit, Funktion? | wenige | | | viele |
| **Informationen zum Kontext**<br>Wie viele Hinweise bekomme ich zum Umfeld? | wenige | | | viele |

| | 1 | 2 | 3 | 4 |
|---|---|---|---|---|
| **Ressourcen**<br>Hinweise zu Ressourcen und wie schätze ich die ein? | niedrig | | | hoch |
| **Projektion**<br>Erwartungen und Projektionen des Klienten | niedrig | | | hoch |
| **Eignung Setting**<br>Schätze ich die Frage als geeignet für die Online-Beratung ein? | wenig | | | gut |

Die Beantwortung dieser Fragen, insbesondere der letzten Frage zur Eignung der Onlineberatung für die Fragestellung, ist nach Eidenbenz (2009) eine wichtige qualitätssichernde Voraussetzung für das weitere Vorgehen beim Beantworten der Anfrage.

Übung: Lesen Sie sich die folgende Anfrage durch und schätzen Sie diese nach den in der → Tabelle 11 angegebenen Fragestellungen und Kriterien ein:

»Liebes Beratungsteam,
Ich bin total fertig. Mein Leben ist eine Katastrophe! Am Wochenende war ich wieder zuhause und mein Freund wollte mich überraschen, hat mich aber voll auf dem falschen Fuß erwischt. Ich konnte nur noch weinen und war wie weggetreten. Eine gute Freundin von mir meinte dann, dass ich mich hier mal melden soll. Sie macht sich Sorgen um mich, weil ich immer so depressiv bin. Man muss dazu sagen, ich habe zwei Therapien hinter mir, aber geholfen haben die nicht wirklich. Ich weiß, dass ich etwas tun muss, um meine Probleme in den Griff zu bekommen und darum habe ich mich hier gemeldet. Bitte, bitte antwortet mir! Ich bin so froh, dass ich Euch gefunden habe!
Eure Joel«

### 5.3.2 Das 14-Schritte-Programm zur Beantwortung einer Mail

Ein weiteres Modell zur Strukturierung einer Anfrage ist das 14-Schritte-Programm zur Beantwortung einer Mail nach Ploil (2009). Diese Strukturierungshilfe impliziert ein mehrmaliges Lesen des Textes, da für die schrittweise Beantwortung der Fragen ein genaues Nachlesen sinnvoll und nötig ist. So stellt diese Strukturierungshilfe eine sehr umfassende Auseinandersetzung mit dem Text dar. Die eine oder andere Frage wird sich knapp beantworten lassen, andere werden ausführlicher zu behandeln sein. Sie fordert die Fachkraft dazu auf, sehr ressourcenorientiert an die Beratungsanfrage heranzutreten. Folgende 14 Schritte gilt es zu bearbeiten:

Arbeitsblatt 14-Schritte-Programm

1. Lesen des Anfrage-Textes.
2. Festhalten des subjektiven Eindrucks zum Text und dem*der Verfasser*in.
3. Herausarbeiten der Fakten, die im Text beschrieben werden (z. B. in Bezug auf beschriebene zeitliche Ereignisse, beteiligte Personen, Rahmenbedingungen, Ressourcen etc.).
4. Identifizierung des beschriebenen Problems.
5. Erkennen der beschriebenen Lösungsversuche.
6. Herausarbeiten der benannten Ressourcen.
7. Analyse der beschriebenen Themen und der damit verknüpften Emotionen der ratsuchenden Person.
8. Herausarbeiten der im Text vorhandenen Selbst-, Fremd- und Situationsbewertungen.
9. Erkennen möglicher Ambivalenzen und Spannungen in der Darstellung.
10. Einschätzen des eigenen fachlichen und bezugswissenschaftlichen Wissens in Bezug auf die im Text beschriebenen Themenbereiche.
11. Aufstellen von eigenen Hypothesen bezüglich des beschriebenen Problems.
12. Beschreiben der Ziele der Institution in der man tätig ist und der Ratsuchenden sowie eigener Ziele.
13. Auswahl geeigneter Kommunikationstechniken zur Erreichung dieser Ziele.
14. Formulieren der Rückantwort an den*die Ratsuchende.

Die Herausforderung für die Beratenden bei der Anwendung dieses Programms ist, die einzelnen Aspekte zusammenzuführen und zu entscheiden, welche Punkte in die Antwort an den Ratsuchenden aufgenommen werden (müssen) und welche eher im Hintergrund bleiben, jedoch als wichtige Aspekte für den weiteren Verlauf der Beratung dienen können.

✍ Übung: Bearbeiten Sie die folgende Mail-Anfrage nach dem 14-Schritte-Programm von Ploil (2009). Notieren Sie sich hierfür Stichpunkte zu den Schritten 2-13.

»Hallo,
ich weiß jetzt gar nicht so richtig wie ich anfangen soll, aber ich probiere es einfach mal. Ich war schon oft in Therapie wegen Depression, aber geholfen hat es eigentlich nicht. Ich weiß auch nicht, immer ging es mir besser und dann kam wieder ein Tief. Habe es immer geschafft, mich da raus zu ziehen. Auch wegen der Kinder. Dir brauchen mich doch noch! Aber so wie jetzt kann es nicht weitergehen. Bin gerade wieder nur am Gedankenkreisen. Meine Arbeit ist eigentlich zu viel für mich, aber ich schaffe es nicht, da mal mit meinem Chef zu sprechen und drum beiße ich die Zähne zusammen. Weiß ja selbst, dass das blöd von mir ist.
Eigentlich wünsche ich mir schon lange einfach mal jemanden, der mich an die Hand nimmt und sagt ›das schaffen wir‹. Aber das wird ein Wunsch bleiben. Ich habe nur wenige ›Freunde‹ und die Familie hat mir schon vor langer Zeit gezeigt, dass sie nichts von mir hält. Ach, es ist einfach verfahren und dass ich mir hier melde ist eigentlich auch nur ein Ausdruck meiner kreisenden Gedanken, weil ich nicht weiß, was ich tun soll. Nicht einmal, ob eine Beratung mir helfen kann. Ich bräuchte einfach mal Klarheit, wie es weitergehen kann.
Können Sie mir helfen?
Viele Grüße,
Lonesome Cowboy«

Sowohl das IQSM als auch das 14-Schritte-Programm lassen sich für die Mailberatung und für Anfragen in einem Forum verwenden. Bei einer Chatberatung ist aufgrund des quasi-synchronen Beratungssettings eine Analyse in dieser Form weder machbar noch zielführend. Denkbar ist jedoch – insbesondere im Rahmen der eigenen Qualitätssicherung – ein Chatprotokoll im Anschluss an eine Chatberatungssequenz nach diesen Aspekten auszuwerten und hierdurch Anregungen für weitere Kontakte abzuleiten.

### 5.3.3 Das 4-Folien-Konzept

Knatz und Dodier haben bereits 2003 mit dem 4-Folien-Konzept eine der ersten Strukturierungshilfen für die Mailberatung entwickelt. Idee dieses Konzeptes ist es, eine Mail dreimal zu lesen und bei jedem Lesen eine andere Folie über den Text zu legen, die jeweils einen anderen Fokus auf den Inhalt der Anfrage legt.

Knatz und Dodier (2003) bedienen sich hierbei der Metapher des Overheadprojektors, bei dem eine transparente Folie über die nächste gelegt wird und sich so Schritt für Schritt ein Gesamtbild ergibt.

Die ersten drei Folien fokussieren auf den Inhalt der Mail, die vierte Folie ist schließlich die Antwort der Fachkraft an den Ratsuchenden. Die → Tabelle 12 gibt einen Überblick über die Aspekte, die nach dem 4-Folien-Konzept Schritt für Schritt beleuchtet werden sollen. In der rechten Spalte finden sich jeweils Beispiele und mögliche Formulierungen für die Aspekte, die in der linken Spalte genannt werden:

Arbeitsblatt 4-Folien-Konzept

**Tabelle 12:** Das 4-Folien-Konzept (in Anlehnung an Knatz & Dodier, 2003, S. 143 ff.)

| **Folie 1 - Der eigene Resonanzboden** | |
|---|---|
| Festhalten des ersten Gefühls, das ich beim Lesen wahrgenommen habe. | Wut, Mitleid, Druck |
| Bilder und Fantasien, die beim Lesen der E-Mail entstanden. | »Da ist jemand wirklich in Not und braucht schnelle Hilfe« |
| Einschätzung, ob das Problem per Mailberatung lösbar ist oder ob ggf. an eine*n Kolleg*in verwiesen werden sollte. | Bei therapeutischem Bedarf Verweis an geeignete Beratungsstelle |
| Spontane Wünsche, die man dem*der Verfasser*in mitteilen würde. | »Trau Dich was!« |
| Entscheidung, ob man mit dem*der Ratsuchenden in Kontakt kommen möchte oder nicht. | Ja/Nein/nur unter folgenden Bedingungen … |
| **Folie 2 - Das Thema und der psychosoziale Hintergrund des Ratsuchenden** | |
| Was ist das Thema der Nachricht und welche Schlüsselwörter tauchen darin auf? | »Achterbahnfahrt«, »Leidensweg«, »Geld«, »Ärger«, »Hilfe« |
| Welches Bild von dem*der Verfasser*in und seinem*ihrem sozialen Kontext entsteht? | Alleinerziehende Mutter, pflegender Ehemann, Akademikerin in Elternzeit |
| Welche Fakten werden mitgeteilt? (z. B. Alter, Geschlecht, Familienstand …) | 49-jähriger geschiedener Mann |
| Welche Stärken und Schwächen des*der Verfasser*in werden wahrgenommen? | Ausdauer, Ungeduld, Aggressivität, Ehrgeiz, Disziplin |

| Folie 3 – Die Diagnose | |
|---|---|
| Thema des Ratsuchenden? | Belastung auf der Arbeit, Streit in der Familie |
| Fragen oder Wünsche an den*die Berater*in? | »Können Sie mir dabei helfen …« |
| Ziel des Ratsuchenden? | »Eine Lösung für die aktuelle Situation finden« |
| Eigene Hypothesen? | »Immer wenn die Situation Zuhause eskaliert, greift er zum Alkohol« |
| Offene Fragen an den*die Ratsuchende*n? | Zur Lebenssituation, zu genannten Personen |
| **Folie 4 – Intervention** | |
| Anrede. | Möglichst an den Stil des Ratsuchenden angepasst. |
| Einleitung – Vorstellung der Institution und der eigenen Person. | »Mein Name ist …und ich arbeite hier bei der …als Sozialpädagoge.« |
| Eingehen auf generelle Fragen des*der Ratsuchenden. | »Ich stehe unter Schweigepflicht, alles, was wir hier besprechen, behandele ich vertraulich.« |
| Positive Wertschätzung, Lob und Anerkennung ausdrücken. | »Es ist Ihnen sicher nicht leicht gefallen, trotzdem haben Sie sich hier gemeldet!« |
| Mitteilen, was sachlich und emotional verstanden wurde. | »Beim Lesen Ihrer Nachricht konnte ich Ihren Ärger über die aktuelle Situation nachvollziehen …« |
| Mitteilen, was noch unklar geblieben ist, und Nachfragen zur Klärung stellen. | »Noch nicht ganz verstanden habe ich, wie es dazu gekommen ist, dass …«<br>»Leben Sie mit der Mutter des Kindes zusammen?« |
| Hypothesen und Vermutungen als Fragen formulieren. | »Wäre es denkbar, dass …?«<br>»Mein Eindruck ist, dass …Stimmen Sie mir da zu?« |
| Aufzeigen und Begründen von Problemlösungswegen, Offenlassen von Alternativen. | »Wie wäre es, wenn Sie versuchen würden …, denn das könnte bedeuten, dass …« |
| Nachfragen, ob dieser vorgestellte Weg machbar ist. | »Wäre das vorstellbar für Sie?« |
| Formulieren eines Wunsches für den*die Ratsuchende*n. | »Ich wünsche Ihnen, dass es Ihnen gelingt, eine gute Aussprache mit Ihrer Frau zu führen.« |
| Verdeutlichen des Angebot und der Grenzen. | »Gerne überlege ich mit Ihnen gemeinsam, wie Sie das Gespräch mit Ihrer Chefin führen können …«<br>»Was ich nicht leisten kann, ist Ihre Essstörung zu behandeln. Hierfür wäre eine therapeutische Behandlung vor Ort wichtig.« |
| Abschluss und Einladung zum Antworten. | »Ich freue mich, wenn Sie zurückschreiben.« |
| Mitteilen der technischen Modalitäten, Antwortfrequenz usw. | »Sie finden meine Antworten in der Regel alle drei Tage hier in Ihrem Posteingang.« |

Um nach dem 4-Folien-Konzept arbeiten zu können, muss die Mail ausgedruckt werden. Laut Knatz (2009) sei nur so gewährleistet, dass der gesamte Inhalt der Mail erfasst werden kann, da beim Lesen am Bildschirm »mehr als die Hälfte der Informationen nicht aufgenommen wird« (S. 111). Gerade für Anfänger*innen in der Onlineberatung ist dieses intensive Arbeiten mit dem Text hilfreich. So können auf dem Ausdruck der Mail Notizen und Unterstreichungen vorgenommen werden. Richtig ist sicherlich auch, dass, gerade bei sehr langen Texten, das Lesen einer ausgedruckten Mail leichter fällt. Wichtig ist jedoch immer: Wenn Mailtexte ausgedruckt werden, müssen diese aus Gründen des Datenschutzes anschließend entweder vernichtet oder entsprechend gesichert archiviert werden. Ob dies zum einen immer gewährleistet und zum anderen arbeitsökonomisch (und ökologisch) sinnvoll ist, gilt es im jeweiligen Arbeitskontext kritisch zu hinterfragen.

Ebenso stecken in einigen der Fragen mit denen sich der*die Berater*in auseinandersetzen soll teils sehr subjektive Bewertungen, wie z. B. zu möglichen Stärken und Schwächen des*der Ratsuchenden.

Die vierte Folie gibt eine sehr umfassende Übersicht darüber, was alles in eine Antwort gehören kann. Die Betonung liegt hierbei auf »kann«, denn nicht jede Antwort wird alle diese Elemente enthalten können und müssen. Auch die einzelnen Formulierungen werden je nach Arbeitskontext, Anliegen und Berater*innen-Persönlichkeit sowie -Haltung unterschiedlich ausfallen. Hier gilt es, den eigenen Stil zu finden und mit Formulierungen zu arbeiten, die authentisch und passend für die einzelnen Beratenden sind.

Neben einem klaren Aufbau und einer Struktur, die der Nachricht durch die Berücksichtigung der einzelnen Punkte verliehen werden soll, ist an dieser Stelle ein Punkt besonders hervorzuheben: Die eigenen Hypothesen und Vermutungen der Fachkraft sollten dem*der Ratsuchenden immer in Form von Fragen angeboten werden.

> »Dies schafft einen Rahmen in dem die Ratsuchenden überlegen können. Sie müssen sich nicht verteidigen, müssen keinen Machtkampf eingehen und können selber noch einmal überprüfen, wie sie fühlen, ob die Aussage so stimmt.« (Knatz & Dodier, 2009, S. 154 f.)

✍ Übung: Beratungsanfrage beantworten

Stellen Sie sich vor, Sie arbeiten in einer Beratungsstelle für allgemeine Lebensfragen. Sie haben die unten stehende Mail erhalten und sollen nun eine Antwort hierauf verfassen. Wenden Sie hierfür das 4-Folien-Konzept an und formulieren Sie Ihre Antwort. Tipp: Schreiben Sie Ihre Antwort am Computer.

Fallbeispiel 2:
»Hallo,
ich hoffe, ich bin mit meiner Frage richtig bei Ihnen. Mir fällt es gar nicht so leicht hier zu schreiben und vielleicht ist es auch ein Fehler, aber ich weiß mir nicht mehr zu helfen …
Schon seit langem bin ich auf der Suche. Mein Leben ist eigentlich immer sehr bilderbuchmäßig verlaufen. Ich habe einen guten Schulabschluss und ein sehr gutes Studium absolviert. Auch beruflich haben die Erfolge nicht lange auf sich warten lassen. Dennoch fühle ich mich oft leer und frage mich, was für einen Sinn mein Leben eigentlich hat. Zwei Partnerschaften sind in die Brüche gegangen und das war immer meine Schuld. Ich bin einfach nicht ›da‹, ich weiß nicht wie ich es anders beschreiben soll.
Oft kreisen meine Gedanken und ich komme zu keinem Ende. Dabei würde ich gerne einfach nur mal spontan sein, dem Hamsterrad in dem ich stecke entfliehen.
Ich weiß nicht, ob das überhaupt Sinn macht, was ich hier geschrieben habe, aber es hat sich gut angefühlt es mal niederzuschreiben. Vielleicht können Sie mir ja helfen?
Viele Grüße,
R.«

## 5.4 Mailberatungsprozesse gestalten

Mit dem Lesen einer Erstanfrage und dem Beantworten dieser ist ein erster wichtiger Schritt getan: Berater*in und Ratsuchende*r sind miteinander in Kontakt gekommen. Nun gilt es, den Beratungsprozess zu gestalten.

Manche Onlineberatungen sind tatsächlich bereits mit einer Antwort der Fachkraft beendet. Häufig kommt dies bei reinen Informationsanfragen vor, bei denen der*die Ratsuchende keinen Unterstützungsbedarf geäußert hat und mit der Auskunft durch die Beratungskraft zufriedengestellt ist. Gerade bei psychosozialen Belastungen kann sich aber ein durchaus längerer Beratungsprozess mit mehreren Kontakten entwickeln.

Weinhardt (2009) legt in seiner Studie eine Typologie von E-Mailberatungs-Klienten vor, die Auskunft über ganz unterschiedliche Nutzungsmotive gibt:

1. Erwerbstätige Medienpragmatiker*innen: Diese Klient*innen verfügen über einen formal höheren Bildungsabschluss und nutzen das Internet eher zweckmäßig. Die zeitliche Flexibilität des Mediums E-Mail und die Möglichkeit, zu einer schnellen Problemlösung zu kommen, steht für sie im Vordergrund ihres Nutzungsinteresses.
2. Zurückgezogene Dauerklient*innen: Hierbei handelt es sich um junge Erwachsene mit niedrigem bis mittlerem formalen Bildungshintergrund, die die E-Mailberatung vor allem deshalb nutzen, weil sie ihnen eine hohe Autonomie ermöglicht und den Schutz der Anonymität bietet.
3. Sachorientierte Informationsbeschaffer*innen: Diese Gruppe ist den zurückgezogenen Dauerklient*innen recht ähnlich, verfügt jedoch im Gegensatz zu diesen vor allem über Ressourcen im privaten Leben. Sie sind weniger an Kommunikation als an schnellen Informationen interessiert und sammeln diese in eher kurzen Beratungsprozessen.
4. Jugendliche Krisenklient*innen: Sie sind die jüngste Nutzerzielgruppe und mit dem Internet sozialisiert worden, sodass es für sie zu einem selbstverständlichen Teil ihrer Lebenswelt gehört. Sie sind formal hoch gebildet und nutzen die E-Mailberatung in einer hohen Antwortfrequenz und geringen Dauer als stabilisierende Krisenberatung.

Vor dem Hintergrund dieser Typologien gilt es zu beachten, dass Beratungsprozesse sehr unterschiedlich ablaufen können und insofern auch keine einheitliche Vorgehensweise beschrieben werden kann.

Zur Veranschaulichung der Gestaltung eines Onlineberatungsprozesses ist es dennoch hilfreich, den Beratungsprozess – modellhaft – in einzelne Phasen zu unterteilen. Diese Phasen sind nicht als streng aufeinander aufgebaut zu verstehen, sondern sollen vielmehr dabei helfen, zu verdeutlichen, welche Aspekte zu welchem Zeitpunkt im Beratungsprozess besonders wichtig sind.

### Einstieg in die Beratung und Beziehungsaufbau

In dieser ersten Phase geht es um das Miteinander-in-Kontakt-Kommen (Joining). Thema und Ziel der Beratung werden miteinander besprochen. Während dieser Phase im Face-to-Face-Setting meistens eine sehr hohe

Bedeutung zukommt und sie auch einen recht großen Zeitanteil beanspruchen kann, wird sie in der Onlineberatung häufig regelrecht übersprungen. Oftmals stehen schon in der ersten Mail/dem ersten Forenbeitrag viele Informationen und Aussagen über den Kontext, in dem sich die beschriebene (Konflikt-)Situation abspielt. Es sind oft Daten der Person wie Alter oder Lebensumstände genannt, ebenso wird das betroffene Umfeld (z. B. Familien-System) bereits erläutert und es wird berichtet, was bereits (erfolglos) unternommen wurde, ggf. liegen sogar Informationen über frühere Beratungen oder Therapien vor (Engelhardt, 2011).

Für manche Fachkraft ist der Umstand, dass Ratsuchende in der Onlineberatung durchaus enthemmt und auch entgrenzt auftreten, problematisch, da gewohnte Muster der Beziehungsgestaltung keine Anwendung finden (Justen-Horsten & Paschen, 2016). Es ist eine umso wichtigere Aufgabe der Beratungskraft, dafür zu sorgen, dass dennoch ein guter Beziehungsaufbau gelingt, um eine tragfähige Beratungsbeziehung herzustellen.

**Mögliche Formulierungen hierbei können sein:**

»Mein Name ist Sabine Lindner und ich arbeite seit vier Jahren hier als Sozialpädagogin in der Onlineberatung der Eheberatung.«
»Ich kann Ihrem Text deutlich entnehmen, dass es Ihnen nicht leichtgefallen ist, sich hier zu melden. Umso mehr möchte ich Ihnen meinen Respekt dafür aussprechen, sich mir gegenüber so zu öffnen.«
»Es hat Sie sicher einiges an Kraft gekostet, Ihre Gedanken so ausführlich niederzuschreiben. Es ist Ihnen so aber gut gelungen, mir zu beschreiben, wie Sie sich gerade fühlen.«
»Ich versuche gerne, Sie dabei zu unterstützen, eine gute Lösung für die jetzt so schwierige Situation zu finden.«

### Auftragsklärung – Anlass, Anliegen, Auftrag und Kontrakt

Arbeitsblatt Auftragsklärung

Eine besondere Relevanz kommt der Klärung des Auftrags zu. Manche Ratsuchende formulieren ihren Auftrag an die Beratung sehr präzise, bei anderen ist nur diffus zu erahnen, worum es gehen könnte. Wie kann nun eine gute Auftragsklärung gelingen? Hier muss zwischen Mail- bzw. Forenberatung und Chatberatung unterschieden werden, da im Chat die dialogische und unmittelbarere Kommunikationssituation eine andere Form der Auftragsklärung ermöglicht als bei einer Mail. Von Schlippe (o. J.) weist auf einen aufmerksamen Umgang mit den vier Dimensionen Beratungsanlass, -anliegen, -auftrag und Kontrakt hin. Denn der Anlass, der zur Kontaktaufnahme mit der Beratungsstelle geführt hat, muss nicht zwingend auch einen Auftrag mit sich bringen. Die folgenden Fragestellungen helfen, die vier Punkte der Auftragsklärung zu differenzieren:

- Anlass: Warum haben Sie an die Onlineberatung geschrieben?
- Anliegen: Was soll hier in der Onlineberatung passieren?
- Auftrag: Was möchten Sie von mir als Onlineberater*in?
- Kontrakt: Was kann ich Ihnen im Kontext der Onlineberatung anbieten und leisten, was nicht?

Orientiert an diesen Fragestellungen kann der*die Berater*in beginnen, mit dem Mailtext zu arbeiten und eine Antwort formulieren. Bei der Mailberatung muss es der Fachkraft gelingen, in ihrer ersten Mail deutlich zu machen, dass sie zum einen die Situation des*der Ratsuchenden ernst nimmt und dessen Versuch, mit einer Beratung ggf. zu einer Veränderung der Situation oder Lösung ihres Problems zu gelangen, wertschätzt. Zum anderen muss sie deutlich machen, welche Anliegen und Aufträge sie bereits aus dem Text herausgelesen hat oder nicht. Manchmal kann es im Sinne eines Beratungskontrakts auch jetzt schon nötig sein, mögliche Grenzen des Angebots zu formulieren und Alternativen aufzuzeigen. Eine lösungs- und ressourcenorientierte Sprache ist hierbei hilfreich (Justen-Horsten & Paschen, 2016).

**Mögliche Formulierungen hierbei können sein:**

»Habe ich Sie richtig verstanden, dass es Ihnen darum geht, mehr Klarheit über Ihre Situation zu erlangen? Angenommen, uns würde dies im Verlauf der Beratung hier gelingen, woran würden Sie merken, dass Sie ›mehr Klarheit‹ haben?«

»Ich nehme wahr, dass Sie viele Themen beschäftigen. Unklar ist für mich noch, was für Sie momentan am wichtigsten ist und wie Ihnen die Beratung dabei helfen kann. Vielleicht können wir uns gemeinsam auf die Suche machen und herausfinden, worum es Ihnen geht?«

»Du schreibst, dass Du nicht mehr weiter weißt und Dir Hilfe wünschst. Wie kann ich Dir helfen? Hast Du schon eine Idee, was Dir guttun würde, damit Du sagen könntest, dass die Beratung hier Dir hilft?«

»Ich verstehe Ihren Wunsch, Ihre Essstörung in den Griff zu bekommen. Mir ist es aber wichtig, Ihnen klar mitzuteilen, was im Rahmen einer Onlineberatung möglich ist und was nicht. So kann ich Ihnen z. B. kein therapeutisches Angebot machen. Wir können aber gerne besprechen, was Sie brauchen, um einen nächsten Schritt zu machen und sich in einem geeigneten Rahmen mit Ihrer Essstörung zu beschäftigen.«

Bei der Auftragsklärung ist es also wichtig, zu beachten, mit welchen Motiven und welcher Motivation (Anlass) sich der*die Ratsuchende an die Onlineberatung gewandt hat. Geschah die Kontaktaufnahme aus eigenem Antrieb oder auf Wunsch oder durch den Druck durch eine dritte Person (z. B. Eltern, Chef*in, Freund*in)? Wurde die Mail in einer akuten Krisensituation formuliert? Das Ergebnis der Analyse dieser Fragen mit Hilfe der in → Kapitel 5.3 vorgestellten Strukturierungshilfen beeinflusst in großem Maße, welche Aspekte bei der Auftragsklärung im Vordergrund stehen und welchen Raum diese in der ersten Antwort an den*die Ratsuchende*n einnimmt. Bei Ratsuchenden, die sehr viele Themen auf einmal beschreiben, wird bei der Auftragsklärung vor allem eine Priorisierung im Zentrum der Antwort stehen (→ Kapitel 6.3). Bei Ratsuchenden, die sich eher unsicher und misstrauisch äußern, wird zunächst ein guter Beziehungsaufbau wichtig sein.

Ebenso muss sich der*die Beratende mit der Frage beschäftigen, welche Aufträge er*sie bereits annimmt und welche nicht. Hierbei geht es um die Prüfung der eigenen Kompetenzen und Zuständigkeiten (»Bin ich die richtige Ansprechperson für diese Frage?«) wie auch um die Eignung des Onlineberatungssettings für die Bearbeitung des Anliegens der Ratsuchenden.

Die Auftragsklärung ist nicht mit einer Mail abgeschlossen, sondern zieht sich wie ein roter Faden durch den Beratungsprozess. Es wird immer wieder darum gehen, zu klären, ob das Anliegen des*der Ratsuchenden bereits bearbeitet ist, noch das gleiche ist, weitere Themen hinzugekommen sind usw. (Fieseler & Hentschel, 2011). Der Fachkraft kommt hierbei die Rolle der Prozesssteuerung zu, die dafür Sorge trägt, dass der*die Ratsuchende dabei unterstützt wird, durch eine gute Mischung von anregenden Fragen und Impulsen, relativ selbstständig Lösungen zu entwickeln (Engelhardt, 2011)

### Bearbeiten des/der Anliegen/s

Diese Phase im Onlineberatungsprozess ist dadurch gekennzeichnet, dass sich Ratsuchende mit ihrem Beratungsanliegen auseinandersetzen und (gemeinsam mit der Fachkraft) erste Lösungsstrategien entwickeln. Da diese Phase oftmals von einer relativ großen Komplexität gekennzeichnet sein kann, ist es hilfreich, durch Paraphrasieren und Strukturieren den Ratsuchenden zu unterstützen.

Beim Paraphrasieren geht es darum, das Geschriebene in eigenen Worten wiederzugeben. Der*Die Beratende kann so deutlich machen, dass er um aktives Zuhören bemüht ist. In der Onlineberatung ist dieser Punkt insbesondere deshalb wichtig, weil keine nonverbalen Signale gesendet werden, die aktives Zuhören anzeigen, wie z. B. Kopfnicken. Wichtig ist hierbei, dass Beratende nicht einfach den Text des*der Ratsuchenden wörtlich wiedergeben, sondern sich tatsächlich um eigene Formulierungen bemühen und diesen einen lösungsorientierten Charakter verleihen (Justen-Horsten & Paschen, 2016).

**Beispiel Paraphrasieren:**

Ratsuchende*r: »Ich fühle mich leer und weiß nicht mehr wirklich weiter. Es ist so, als würde ich in einer Sackgasse stecken und weder vor noch zurück können. Für mich ist das frustrierend, da ich es gewohnt bin, mein Leben in der Hand zu haben.«

Wie es nicht sein sollte:
Berater*in: »Sie fühlen sich leer und wissen nicht mehr weiter. Sie fühlen sich wie in einer Sackgasse. Das ist für Sie frustrierend, da sie es gewohnt sind, Ihr Leben selbst in der Hand zu haben.«

Besser:
Berater*in: »Anhand Ihrer Beschreibungen ist Ihre Frustration für mich gut nachvollziehbar. Was müsste denn aus Ihrer Sicht geschehen, damit Sie einen Weg aus der Sackgasse finden würden und Ihr Leben selbst gestalten können?«

Die Fachkraft muss in dieser Phase des Beratungsprozesses auch strukturierend eingreifen, wenn der Ratsuchende bei der Auseinandersetzung mit seinem Anliegen vom Thema abdriftet und neue Themenstränge eröffnet. Hierbei muss sie darauf achten, einerseits einen Raum für die Bearbeitung der Themen zu schaffen, und gleichzeitig darauf achtgeben, dass die möglicherweise entstehende Komplexität wieder reduziert wird und ein Fokus auf das Wesentliche entstehen kann. Ein Vorteil der Onlineberatung ist hierbei, dass der gesamte Beratungsprozess schriftlich vorliegt und die Beratungskraft durch nochmaliges Nachlesen des bisher Geschriebenen eine gute Orientierung behalten kann bzw. die Momente identifizieren kann, an denen ein Wegdriften vom eigentlichen Thema geschehen ist. Sie hat so auch die Möglichkeit zu überprüfen, ob ggf. Wichtiges vergessen wurde und Raum in der Beratung braucht.

**Mögliche strukturierende Formulierungen:**

»Ich würde mit Ihnen noch einmal kurz zum Beginn unseres Mailkontaktes zurückgehen. In Ihrer zweiten Mail schrieben Sie mir, dass Sie gerne mehr Klarheit über Ihre Situation hätten. In den letzten Mails haben wir viele Dinge, die Sie aktuell beschäftigen, angesprochen und mich würde interessieren, wie Sie es inzwischen einschätzen? Haben Sie mehr Klarheit? Und was ist ggf. noch unklar für Sie?«
»Beim Lesen Ihrer letzten Nachricht ist mir bewusst geworden, dass wir uns ein wenig von unserem ursprünglichen Thema wegbewegt haben. Ich würde daher gerne kurz mit Ihnen klären, ob es für Sie wichtig wäre, noch einmal über das Gespräch mit Ihrem Chef zu sprechen?«

In Situationen, in denen es dem Ratsuchenden schwer fällt eigene Lösungsideen zu entwickeln oder in denen er explizit den Rat der Fachkraft einfordert, empfiehlt es sich, besonders achtsam mit der eigenen Wortwahl umzugehen. Denn von einer konstruktivistischen Grundhaltung (→ Kapitel 5.1.4) ausgehend, ist es unmöglich (oder Zufall), dass Beratende den Ratsuchenden den »einen richtigen Ratschlag« erteilen. Wie auch im 4-Folien-Konzept beschrieben, sollten Berater*innen ihre Angebote offen genug formulieren, sodass sie als Angebote und Ideen verstanden werden können, die der*die Ratsuchende prüfen aber auch verwerfen kann und die ihn*sie dabei unterstützen, eine Lösung für sein*ihr Anliegen zu finden. Justen-Horsten & Paschen (2016) weisen daher darauf hin, dass mit Aussagesätzen sehr vorsichtig umgegangen werden sollte, da sie Problemsituationen eher manifestieren könnten, als sie zu lösen. Die Verwendung des Konjunktiv wird in diesem Zusammenhang als eine Lösungsmöglichkeit angeführt.

**Mögliche Formulierungen:**

»Beim Lesen Ihrer Mail entstand in mir der Eindruck, dass es zwischen Ihnen und Ihrem Sohn immer dann eskaliert, wenn er Ihre Grenzen übertritt. Ich habe mich gefragt, ob ihm diese Grenzen wirklich bewusst sind oder ob es vielleicht nötig wäre, dass Sie diese klarer formulieren …?«
»Nach meiner Einschätzung sind Sie Ihrer Kollegin gegenüber sehr zurückhaltend, was Rückmeldungen angeht. Wäre es denkbar, dass Sie ihr direkt mitteilen, wenn Ihnen etwas ›gegen den Strich geht‹?«

### Den Abschluss gestalten

Eine Besonderheit der Onlineberatung ist, dass Beratungsprozesse manchmal sehr abrupt enden. Für Berater*innen ist dies insofern frustrierend, da er*sie keine Rückmeldung mehr darüber erhalten, ob das Anliegen geklärt wurde und der*die Ratsuchende mit der Beratung zufrieden ist.

Andersherum gibt es manchmal auch Beratungsprozesse, die sehr lange laufen und über viele, manchmal hunderte von Kontakten stattfinden. Gleichwohl lassen sich viele Onlineberatungsprozesse gemeinsam mit dem*der Ratsuchenden abschließen. Die Fachkraft muss hierbei erkennen, wann der Punkt gekommen ist, den Abschluss einzuläuten. Einige Kennzeichen, die dabei helfen, sind:

- Der*Die Ratsuchende hat Lösungsmöglichkeiten für seine*ihre Situation entwickelt (und wendet diese an).
- Der*Die Ratsuchende signalisiert, dass es ihm*ihr besser geht.
- Der*Die Ratsuchende meldet zurück, dass er*sie nun weiß, wie es weitergehen kann.
- Der*Die Ratsuchende ist bereit, weitere/andere Hilfen in Anspruch zu nehmen (z. B. eine Therapie).

Ebenso kann es sein, dass sich eine Beratung vermeintlich im Kreis dreht und sowohl Beratende als auch Ratsuchende unzufrieden mit dem Verlauf sind und der Eindruck besteht, es ginge nichts voran. Auch an dieser Stelle kann es sinnvoll sein, einen Beratungsprozess zu beenden und eventuell anzubieten, dass sich der*die Ratsuchende zu einem späteren Zeitpunkt noch einmal meldet oder aber ein Berater*innenwechsel vorgenommen wird.

Bei besonders langen Prozessen sollte geprüft werden, ob es sich wirklich noch um eine Beratung handelt oder ob inzwischen eine Begleitung des Ratsuchenden stattfindet. Je nach Hintergrund und Selbstverständnis der Beratungseinrichtung und der Fachkraft kann dies sehr unterschiedlich und auch gewollt sein oder nicht. Ein*e Seelsorger*in wird beispielsweise durchaus häufiger auch eine begleitende Funktion einnehmen als ein*e Schuldnerberater*in. Grundsätzlich ist es jedoch wichtig, dass sich Beratende regelmäßig selbst prüfen und durch Supervision (→ Kapitel 9.1) das eigene Handeln reflektieren, denn sehr lange Beratungskontakte können durchaus ein Anzeichen dafür sein, dass die professionelle Distanz der Fachkraft (ein Stück weit) verloren gegangen ist (Justen-Horsten & Paschen, 2016).

Das Einläuten eines Beratungsabschlusses kann auf unterschiedliche Art und Weise gestaltet werden:

- Mitteilung der eigenen Wahrnehmung (»Ich habe den Eindruck, dass Sie in den letzten Wochen einige Lösungsmöglichkeiten entwickeln und auch anwenden konnten. Darum frage ich mich, inwieweit unsere Beratung nun auch zu einem Ende kommen kann.«)
- Schrittweises Verringern der Antwortfrequenz (z. B. nur noch eine Mail pro Woche statt alle zwei bis drei Tage)
- Angebot, noch für eine bestimmte Anzahl an Mails zur Verfügung zu stehen

Die folgende Übersicht kann zur Auswertung des Beratungsprozesses genutzt werden (auch mit dem*der Ratsuchenden gemeinsam):

Arbeitsblatt Abschließen von Beratungsprozessen

**I. Fragen zur Auswertung von Inhalten und Zielen**

- Welche Inhalte wurden im Rahmen der Onlineberatung bearbeitet, welche nicht? Ggf. Gründe.
- Welche Ziele wurden erreicht, welche nicht? Ggf. Gründe.
- Welche Veränderungen zeigen sich beim*bei der Ratsuchenden? In seinem*ihrem Umfeld? Bezogen auf die Ausgangsproblematik?
- Welche Ressourcen wurden sichtbar?
- Welche Grenzen wurden erkennbar?
- Welche weiteren Schritte stehen an? (Hilfe vor Ort, Therapie, Gespräche mit Dritten etc.)

**II. Fragen zur Auswertung des Beratungsprozesses und Reflexion der Beratungsbeziehung**

- Wie haben beide Seiten den Prozess erlebt? (Wo gab es z. B. besondere »Knackpunkte«?)

- Wie hat sich die Beratungsbeziehung entwickelt? (Wo gab es ggf. Irritationen?)
- Letzte gegenseitige Rückmeldungen (ggf. Bestärken des*der Ratsuchenden für die nächsten Schritte ohne die Onlineberatung.)

**III. Fragen zur Planung von nächsten Schritten**

- Was sind die konkreten nächsten Schritte des*der Ratsuchenden?
- Gibt es weitere Personen/Institutionen, zu denen Kontakt aufgebaut wird?
- Welche Form der Unterstützung benötigt der*die Ratsuchende hierfür noch? Woher kommt diese?

Zur Beantwortung dieser Fragen ist es nützlich, den dokumentierten Prozess zu nutzen. Es ist denkbar, Ratsuchende mit Hinweisen auf bestimmte Mails, auf Entwicklungen und Veränderungen aufmerksam zu machen. Hierzu kann z. B. aus Mails der Ratsuchenden wörtlich zitiert werden – manche Aussagen lassen sich ggf. als »Leitsätze« für die Zukunft nutzen. Hier ist es Aufgabe der Fachkraft, kreativ zu werden und zu nutzen, was da ist.

## 5.5 Forenberatungsprozesse gestalten

Die Forenberatung findet zwar wie die Mailberatung asynchron statt, unterscheidet sich von dieser jedoch in einigen Punkten. Während in der Mailberatung der Kontakt zwischen Berater*innen und Ratsuchenden in der Regel in einem Eins-zu-Eins-Kontakt stattfindet, sind im Forum durch seinen öffentlichen Charakter mehrere Kommunikationspartner*innen beteiligt. So kann es durchaus sein, dass ein*e Ratsuchende*r bereits von einer oder mehreren anderen Forennutzer*innen Antworten erhalten hat, bevor die Fachkraft überhaupt einen ersten Kontakt aufnehmen konnte. Damit kommen der Beratungsperson im Forum auch unterschiedliche Funktionen und Aufgaben zu: So kann es sein, dass sie eher moderierend und begleitend tätig ist und nur dann eingreift, wenn Fehlinformationen verbreitet werden oder es zu Beleidigungen oder Beschimpfungen kommt. Ebenso ist es möglich, dass sie eine Eins-zu-Eins-Beratung durchführt, bei der sich alle anderen Forenbesucher*innen mit eigenen Beiträgen zurückhalten und nur still mitlesen. Oder aber es kommt zu Situationen, wo sich innerhalb einer Forenberatung mehrere Ratsuchende beteiligen und eigene Anliegen, die an das Anliegen des*der Beitragenden andocken (oder auch nicht), in die Beratung einbringen (Brunner, Engelhardt & Heider, 2009).

Forenberatung ist für die Berater*innen also durchaus anspruchsvoll, da sie neben der Konzentration auf den Beratungsprozess (bei dem sie nach den in → Kapitel 5.2 und 5.3 genannten Methoden vorgehen können) auch noch die Dynamiken innerhalb des Forums im Blick behalten müssen.

### 5.5.1 Umgang mit Störungen im Forum

Welches Verhalten von anderen Forenbesucher*innen als störend empfunden wird, wird von Berater*innen unterschiedlich eingeschätzt. Grundsätzlich schwierig wird es jedoch, wenn sich andere Forennutzer*innen durch wenig konstruktive Beiträge in den Beratungsprozess einbringen oder gar grenzüberschreitend agieren. In solchen Situationen ist es unbedingt notwendig, dass die Fachkraft eingreift, um den*die Ratsuchende*n zu schützen. »Diese Aufgaben implizieren zum Teil auch Zensur von Texten, sofern sie etwa rassistisch oder sexistisch sind oder auf eine andere Art gesetzeswidrig.« (Brunner et al.,2009, S. 85)

Ebenso besteht – je nach verwendeter Beratungssoftware – die Möglichkeit, einen Forenbeitrag zu schützen, also aus dem öffentlichen Forum in einen geschützten Bereich zu überführen und die Beratung dann in einem Eins-zu-Eins-Setting weiterzuführen.

### 5.5.2 Umgang mit Beiträgen anderer Forennutzer*innen

Die Forenberatung lebt von der Partizipation anderer Nutzer*innen und Ratsuchende im Forum profitieren in der Regel auch von diesen. Die positiven Dynamiken, wie z. B. soziale Unterstützung und das Gefühl von anderen angenommen zu sein und ernst genommen zu werden, gilt es also zu nutzen und zu fördern. Durch die Einbeziehung anderer Nutzer*innen (z. B. mit einer Aufforderung wie »Vielleicht gibt es andere Nutzer*innen hier, die schon einmal eine ähnliche Erfahrung gemacht haben und davon berichten können?«) oder das Verweisen auf hilfreiche Beiträge dieser (z. B. »Gut gefallen hat mir auch die Antwort von Rosie123 – wie findest Du ihre Vorschläge zum Umgang mit Prüfungsangst?«) werden wertvolle Ressourcen sichtbar gemacht. Diese Art der Intervention hat einen doppelten Effekt: Zum einen kommen so die Peers zu Wort, die häufig eine höhere Akzeptanz für die Ratsuchenden haben, und zum anderen werden die Beteiligung und die Erfahrungen der anderen Nutzer*innen wertgeschätzt, was diese wiederum als positiv erleben.

## 5.6 Chatberatungsprozesse gestalten

Bei der Chatberatung ist in den meisten Fällen davon auszugehen, dass es sich um einen einmaligen Kontakt in diesem Medium handelt, wie es z. B. der Fall ist, wenn eine Beratungsstelle den Chat als Erstkontaktmöglichkeit einsetzt. Grundsätzlich ist es aber auch möglich, dass sich Beratende und Ratsuchende in regelmäßigen Abständen zu Chats verabreden, ohne in der Zwischenzeit über andere Wege in Kontakt zu stehen. Häufig entsteht ein Chat auch aus einer Mailberatung heraus und wird ergänzend eingesetzt, wenn z. B. im Rahmen einer Chat-Sitzung zu einem bestimmten Thema gearbeitet werden soll. Insofern müsste man richtigerweise von der Gestaltung einer Chatberatungssequenz sprechen.

Im Folgenden wird veranschaulicht, wie ein Chat sowohl im Einzel- als auch im Gruppensetting strukturiert ablaufen kann. Heider (2008) orientiert sich in ihrem Phasenmodell an den Prozessschritten, wie sie von Weissenböck, Ivan und Lachout (2006) im Kernprozess für die Onlineberatung beschrieben wurden und teilt den Chat in folgende Phasen auf:

- Vorbereitungsphase: Klärung organisatorischer Aspekte (Terminfindung, technische Fragen etc.)
- Eingangsphase: Begrüßung, Vorstellung, Regeln, Rahmen und Dauer des Chats
- Auftragsklärung: Ermittlung des Beratungsauftrags
- Themenbesprechung: Bearbeitung des Anliegens, Beantwortung von Fragen
- Abschlussphase: Rückmeldungen an die Fachkraft, Überleitung in die asynchrone Beratung
- Nachbereitung in der asynchronen Beratung: Aufforderung an den*die Ratsuchende*n, die wichtigsten Ergebnisse aus dem Chat noch einmal in der Mailberatung zusammenzufassen

In diesem Modell wird in der Regel von einer Verknüpfung der Chatberatung mit einer Mail- bzw. Forenberatung ausgegangen und die entsprechenden Phasen werden dahingehend gestaltet. Um den Fokus stärker auf die Chatberatung an sich zu legen, bietet sich eine Einteilung in die folgenden drei Schritte an: Vorbereitung, Durchführung und Nachbereitung.

### Vorbereitung

Noch bevor der Chat tatsächlich stattfindet, müssen die Rahmenbedingungen geklärt und dem/der Teilnehmer*in bzw. bei Gruppenchats den Teilnehmer*innen mitgeteilt werden. Die folgende Checkliste bietet einen Überblick über die wichtigsten Schritte:

- Festlegen eines Chat-Termins
- Festlegen der Chat-Dauer (bei Einzelchats empfiehlt es sich, den Chat für einen Zeitraum von 60 Minuten anzusetzen, in Gruppenchats können durchaus 90 Minuten eingeplant werden. Darüber hinaus wird das Chatten für alle Beteiligten sehr mühevoll, da die Konzentrationsleistung abnimmt, sodass längere Chatzeiten wenig sinnvoll erscheinen)
- Anlegen des Chat-Termins im Onlineberatungssystem (je nach Beratungssoftware unterschiedlich, sodass eine allgemeine Beschreibung des Vorgehens nicht möglich ist. Der Softwareanbieter wird hierzu eine Anleitung liefern)
- Bestimmen des Themas des Chats (z. B. »offene Sprechstunde«, bei der grundsätzlich zunächst einmal alle Themen möglich sind, oder »Themenchat«, beispielsweise zur Frage »Wie verhalte ich mich im Vorstellungsgespräch richtig?«)
- Vorbesprechung von Zielen und Erwartungen mit Klient*in (sofern bereits ein Kontakt mit dem*der Ratsuchenden z. B. über eine Mailberatung besteht)
- Klärung der Anzahl der Berater*innen bei Gruppenchat. Es empfiehlt sich eine Rollen- und Aufgabenaufteilung, z. B. Moderation, Anliegenbearbeitung, Begrüßen und Informieren von Teilnehmer*innen, die später zum Chat dazustoßen, über die sogenannte »Flüsterfunktion« (Ansprechen einzelner Nutzer*innen im Chat, ohne dass es von den anderen Nutzer*innen wahrgenommen werden kann)

### Durchführung

Bei der Durchführung des Chats selbst muss zwischen einem Einzel- und einem Gruppenchat unterschieden werden. Während im Einzelchat die Begrüßung und Besprechung einiger organisatorischer Aspekte relativ schnell erledigt werden kann, dauert diese Phase im Gruppenchat häufig länger, da in der Regel nicht alle Teilnehmer*innen gleich zu Beginn des Chats pünktlich da sind und mehrere individuelle Fragen zu klären sind. Wichtig ist es, in dieser Phase auch schon die Teilnehmer*innen mit einzubeziehen, um z. B. abzufragen, ob es noch Fragen zum Ablauf oder zu technischen Besonderheiten des Chats gibt. In der Regel wird der Chat automatisch protokolliert und je nach Softwarevariante im Anschluss auch den Teilnehmenden zur Verfügung gestellt oder aber nur für die Berater*innen lesbar. Ein Hinweis darauf, dass das Geschriebene dokumentiert wird, ist wichtig, damit alle Beteiligten informiert sind.

In dieser ersten Phase kann es schon einmal recht chaotisch zugehen und so ist es umso wichtiger, dass die Fachkraft den Teilnehmer*innen die Chat-Regeln vorstellt.

**Chat-Regeln:**

- Im Chat darf auf Groß- und Kleinschreibung verzichtet werden (manchen erleichtert dies das schnellere Tippen).
- Um zu verdeutlichen, dass man über eine Frage zunächst einmal nachdenken muss, empfiehlt es sich zu schreiben *nachdenk* oder ähnliches. So wissen die anderen Beteiligten, dass jemand nicht »verschwunden« ist, nur weil er*sie gerade nicht schreibt.
- Bei längeren Antworten ist es sinnvoll, die Technik des »Chunking« (sinngemäß »häppchenweise Bündelung«) einzusetzen. Das heißt, dass man einzelne zusammenhängende Absätze bereits lossendet und dann weitertippt. Durch »…« am Ende eines jeden Textsegments wird verdeutlicht, dass noch etwas kommt. Bei mehreren Chunks hintereinander empfiehlt es sich, am Ende »fertig!« zu schreiben, damit der*die andere*n Leser*innen weiß/wissen, dass sie nun antworten können.

*Beispiel eines Chatprotokolls hierzu:*
Beraterin [14:31] »Ich könnte mir vorstellen, dass die beantwortung der Frage ›wo ist meine grenze?‹ sehr vielschichtig ist …«
Beraterin [14:33] »vermutlich steckt da auch die frage mit drin, wie weit sie in der beratung mit ihren klientinnen gehen wollen und …«
Beraterin [14:34] »es könnte auch sein, dass sie sich diese frage in regelmäßigen abständen immer wieder stellen müssen. Was meinen sie?«

Geht es im Chat mal etwas drunter und drüber, weil eine Diskussion durch die Beteiligung vieler Personen unübersichtlich wird, darf die Moderatorin »STOP!« schreiben. Dies ist für alle das Signal, kurz inne zu halten und auf den Beitrag der Fachkraft zu warten, die wieder Struktur in die Diskussion bringen wird.

Es empfiehlt sich als Berater*in, ein eigenes Set an Chat-Regeln zu formulieren, die zum eigenen Beratungskontext und dem Chat-Setting passend sind. Berater*innen, die ausschließlich Einzelchats durchführen, werden andere Regeln der Kommunikation benötigen, als Berater*innen, die Gruppenchats anbieten. Manche Regeln ergeben sich auch erst aus der Erfahrung beim Chatten, sodass eine Modifikation einst geschaffener Regeln immer wieder nötig sein kann.

Nach dieser Phase kann der Chat dann inhaltlich richtig beginnen. Es geht nun um die Sammlung und Klärung der Anliegen und eine Entscheidung darüber, wie vorgegangen werden soll, um das Anliegen zu bearbeiten. So kann es sein, dass sich der Ratsuchende eine Expertenmeinung zu einer bestimmten Fragstellung wünscht oder aber einen Erfahrungsaustausch mit anderen Ratsuchenden bevorzugt. Je nachdem, was gewünscht wird, muss die Fachkraft den Chat entsprechend moderieren. Wichtig ist in dieser Phase, dass der*die Beratende darauf achtet, dass das Thema nicht zu stark ausufert. Daher muss er*sie zu jedem Zeitpunkt die Uhr im Blick behalten und ggf. intervenieren und Diskussionen unterbrechen.

In der darauffolgenden Abschlussphase geht es darum, den Chat zu einem guten Ende zu bringen. Diese Phase sollte etwa fünf bis zehn Minuten vor dem geplanten Ende des Chats eingeläutet werden. Es werden offene Fragen gesammelt und geklärt, wie diese bearbeitet werden können (z. B. in einem neuen Chattermin oder durch das Erstellen einer Mailberatungsanfrage). Die Fachkraft hat die Möglichkeit, sich Feedback zum Verlauf des Chats von den Teilnehmer*innen einzuholen. Ebenso können sich die Teilnehmer*innen untereinander noch einmal Rückmeldungen geben. Mit einer Verabschiedung endet der Chat und der Chatraum wird geschlossen.

### Nachbereitung

Je nachdem, wie der Chat konzeptionell verortet ist, kann sich eine Nachbereitung unterschiedlich gestalten. Um eine Anknüpfung an die asynchrone Foren-/Mailberatung zu schaffen, kann zum Ende des Chats eine »Hausaufgabe« an die Ratsuchenden gestellt werden, die sie dazu auffordert, eine kurze Zusammenfassung der zentralen Ergebnisse des Chats als neue Antwort in die asynchrone Beratung zu setzen. Vor allem in der Mailberatung sollte der Chat in der nächsten Antwort der Fachkraft nochmals aufgegriffen werden, damit er in den Beratungsprozess integriert wird (Heider, 2008).

Handelt es sich bei dem Chat konzeptionell um ein einmaliges Ereignis, das nicht im Kontext einer bereits stattfindenden Mailberatung eingebettet werden muss, liegt die Nachbereitung eher auf Seiten der Beratungskraft. Sie sollte sich das Chatprotokoll durchlesen und reflektieren, wie der Verlauf des Chats war und worauf sie beim nächsten Chat ggf. achten sollte.

Chatprotokoll

Lesen Sie sich das Chatprotokoll ( ) durch, und versuchen Sie die einzelnen Schritte im Vorgehen der Beraterin zu benennen. Was fällt Ihnen an der Vorgehensweise der Beraterin und den Reaktionen der Ratsuchenden auf? Halten Sie Ihre Ergebnisse als Notizen fest.

## 5.7 Fragetechniken für die Onlineberatung

Einige ganz grundsätzliche Fragetechniken lassen sich sowohl für die Mail- und Forenberatung als auch für die Chatberatung nutzen. Hierbei kommen vor allem ressourcen- und lösungsorientierte Fragen zum Einsatz (Fieseler & Hentschel, 2011; Engelhardt, 2011, 2014a, 2014b; Justen-Horsten & Paschen, 2016). Je nach Beratungssituation, können unterschiedliche Fragen eingesetzt werden, um den Prozess zu gestalten.

*Fragen zur Auftragsklärung:*
»Ich sehe, dass Sie sehr viele Dinge beschäftigen. Was ist für Sie momentan das Wichtigste?« (Priorisierung)
»Was war Ihre Hoffnung/Erwartung, als Sie sich entschieden haben, hier zu schreiben?« (Erwartungen abklären)
»Geht es für Dich momentan vor allem darum, dass wir im Rahmen unserer Beratung hier besprechen, wie ...oder ...?« (Eingrenzen des Themas)
»Sie haben viele Dinge angesprochen, die Sie stören und ändern möchten – wie kann ich Ihnen dabei am besten helfen, sodass Sie die Beratung als gelungen betrachten würden?« (Rolle des Beratungskraft)

*Fragen zur Klärung noch offener Fragen:*
»Ich habe noch nicht ganz verstanden, warum ...?«
»Gab es Gründe dafür, dass ...?«
»Wie viel Zeit ist seitdem vergangen?«

*Hypothesen und Vermutungen äußern:*
»Könnte es sein, dass ...?«
»Wäre es denn möglich, dass ...?«

»Wenn ich mir vorstelle, dass …, dann hieße das ja … – wie sehen Sie das?«
»Würden Sie mir darin zustimmen, dass …?«

*Mögliche Lösungswege ansprechen/abklären:*
»Könnten Sie sich vorstellen, dass Sie einmal versuchen …?«
»Sie haben ja bereits einiges versucht, um etwas an der Situation zu verändern. Was ist Ihnen dabei gut gelungen?«
»Was müsste aus Ihrer Sicht passieren, damit …?«
»Wenn Du selbst entscheiden könntest, wie es weitergehen soll, was wäre Deine Entscheidung …?«

Grundsätzlich gilt es, Fragen wohldosiert einzusetzen und eine Antwort nicht mit zu vielen Fragen zu überfrachten. Antworten an Ratsuchende, die mit dem Satz »Das waren jetzt viele Fragen von mir, aber vielleicht möchten Sie ja ein paar von diesen beantworten« enden, sollten verworfen und noch einmal neu formuliert werden. Denn in dieser impliziten Entschuldigung steckt ein wichtiger Hinweis der Beratungskraft an sich selbst. Ebenso sollte geprüft werden, welche Fragen nötig sind, um den Beratungsprozess zu gestalten und welche Fragen eher der eigenen Neugier entsprungen sind. Als Faustformel gilt: Pro Antwort nicht mehr als vier Fragen und diese möglichst klar formulieren!

## Auf einen Blick

In der Onlineberatung helfen unterschiedliche Leitfäden und Strukturierungshilfen der Fachkraft beim Lesen von Anfragen, dem Formulieren von Antworten und dem Strukturieren des Prozesses. Für alle methodischen Vorgehensweisen gilt, dass sich der*die Berater*in, je nach Arbeitskontext, beraterischer Grundhaltung und Medium, unterschiedlicher Techniken bedient. Das Entwickeln eines eigenen Vorgehens und Schreibkonzeptes, das verschiedene Methoden und Konzepte nutzt, ist eine Aufgabe auf dem Weg zum*zur Onlineberater*in.

# 6 Schwierige Kommunikationssituationen

Dass die textbasierte Beratung auch einige Schwierigkeiten mit sich bringt, wurde bereits in den → Kapiteln 3.2 und 3.3 thematisiert. An dieser Stelle sollen verschiedene Kommunikationssituationen aus der Mail-, Foren- und Chatberatung vorgestellt werden, die von Berater*innen als »schwierig« empfunden werden können. Hierbei spielen zum einen Situationen eine Rolle, die im Kontext von Krisen entstehen, zum anderen geht es aber auch um mögliche Fakes, den Umgang mit Vielschreiber*innen, plötzliche Kontaktabbrüche oder Beratungen, die stagnieren.

Neben methodischen Lösungsmöglichkeiten werden auch konzeptionelle Gesichtspunkte beleuchtet und anhand von Checklisten und Leitfäden konkret beschrieben. Abschließend werden Aspekte der Selbstfürsorge von Berater*innen thematisiert.

## 6.1 Erkennen und Einschätzen von Krisensituationen

Die Wahrnehmung, was als krisenhaft empfunden wird, ist individuell sehr unterschiedlich: Was sich für eine Fachkraft bereits als große Katastrophe darstellt, wird von der anderen als kleinere Notlage beschrieben. Wie subjektiv unterschiedlich die Einschätzung einer Situation ausfallen kann, sollte zunächst unabhängig davon sein, dass ein*e Berater*in in der Lage sein muss, eine Krisensituation bei Ratsuchenden zunächst einmal zu erkennen. Hierfür ist es lohnend, sich mit der Definition des Wortes Krise (griechisch krísis = Entscheidung, entscheidende Wendung) zu beschäftigen. Bei einer Krise handelt es sich um eine schwierige oder kritische Situation, bei der der Höhe- oder Wendepunkt einer gefährlichen Entwicklung erreicht worden ist. Als Synonyme werden häufig die Worte Ausweglosigkeit, Tiefpunkt, Dilemma, Sackgasse oder aber auch Wendepunkt verwendet (Duden, 2017).

In der Wortbedeutung stecken also auch positive Aspekte, da das Ankommen am Tiefpunkt durchaus auch einen Wendepunkt markieren kann, an dem neue Energien freigesetzt werden können. Nähert man sich dem Thema »Krisen« mit dieser Haltung, so kann es gelingen, in vermeintlichen Krisensituationen die Ruhe zu bewahren und einen lösungs- und ressourcenorientierten Fokus zu behalten.

Prüfen Sie für sich selbst: Welche Krisen haben Sie in Ihrem Leben erlebt und bewältigt? Wie ist es Ihnen gelungen und was hat Ihnen dabei geholfen? Bei welchen Krisenthemen spüren Sie eigene Widerstände und wie gehen Sie damit um?

Erkennbar werden Krisen durch die Äußerungen von Ratsuchenden, die problemlastig, negativ formuliert und oftmals auch ein Gedankenkarussell widerspiegeln. Aber auch plötzliches Nicht-Schreiben kann Ausdruck einer Krise sein. Für Onlineberater*innen ist dieser Umstand oftmals nur schwer auszuhalten, da es kaum Möglichkeiten gibt, zu intervenieren, außer weiterhin ein Kontaktangebot zu machen.

Ob sich eine Krise anbahnt bzw. angebahnt hat, lässt sich manchmal auch besser erkennen, wenn man den bisherigen Beratungsverlauf noch einmal am Stück durchliest.

Hilfreich bei der Einschätzung einer Krisensituation ist die Unterscheidung von Krisen, Kummer und Konflikten, wie Knatz (2013) sie vornimmt. Während es sich bei Krisen um eine Form der Überforderung handelt, die sehr massiv erlebt wird und Menschen in psychische Ausnahmezustände bringt, ist Kummer ein »länger anhaltender seelischer Schmerz, der nicht gleich in einer Lebenskrise münden muss« (Knatz, 2013, S. 244). Bei Konflikten kann zwischen inneren und äußeren Konflikten unterschieden werden. Bei ersteren geht es um eine Auseinandersetzung mit sich selbst, bei letzteren um die Auseinandersetzung mit anderen, wenn »Interessen, Ziel- oder Wertvorstellungen nicht miteinander zu vereinbaren sind oder unvereinbar erscheinen« (Knatz, 2013, S. 244).

Für ein gezieltes Handeln im Zusammenhang mit möglichen Krisensituationen in der Mailberatung sind unterschiedliche Punkte zu berücksichtigen.

Leitfaden zum Umgang mit Krisensituationen in der Mailberatung:

Leitfaden Umgang mit Krisen

Grenzen des Settings beachten:
- Was kann im akuten Fall in der Onlineberatung geleistet werden?
- Was sind ganz grundsätzliche konzeptionelle Haltungen zu Anfragen mit krisenhaftem/suizidalem Themenhintergrund?

Einschätzung des*der Ratsuchenden:
- Durch mehrfaches Lesen der Anfrage
- Durch In-Bezug-Setzen zu anderen Anfragen des*der Ratsuchenden (wenn möglich)

Abschätzen der Gefährdungssituation:
- Einholen einer zweiten Meinung von Kolleg*innen
- Hinzuziehen der Leitung

Eigene Berater*in-Haltung:
- Wie stehe ich zu dem Thema?
- Was löst das Thema in mir aus/was nicht?
- Was bedeutet es für mich?
- Wie gehe ich damit um?

Eigenes Bedürfnis nach Absicherung wahrnehmen:
- Nicht allein bleiben
- Vorgehen nach dem Motto »Lieber einmal zu viel nachfragen als einmal zu wenig«

Umgang mit Emotionen:
- Meine eigenen Emotionen als Mensch und als Berater*in
- Die Emotionen des*der Ratsuchenden

Ernst nehmen des*der Ratsuchenden:
- Angebote machen
- Klarheit einfordern
- Konsequenzen benennen (ggf. Zusammenarbeit mit Behörden)

Konkrete Vereinbarungen treffen:
- Anti-Suizid-Vereinbarung
- Rückmeldezeiträume
- Kontaktfrequenz
- Grenzen benennen

Klare Worte, kein Umschreiben:
- »Haben Sie vor, sich zu töten?« statt »Wollen Sie eine Dummheit machen/ sich was antun?«

Ruhe bewahren:
- Nicht überhastet reagieren
- Es ist immer noch Zeit, um noch einmal zu lesen oder mit Kolleg*innen zu sprechen

Etwas schwieriger gestalten sich Krisensituationen im Rahmen der Chatberatung, da die Beratungskraft gezwungen ist, unmittelbar zu einer Einschätzung zu kommen und zu reagieren. Hierin steckt aber auch eine Chance, da durch direktes Nachfragen mögliche Unklarheiten oder Missverständnisse geklärt werden können. Dennoch erleben Onlineberater*innen Krisensituationen im Chat oftmals als belastender, da die Sorge besteht, etwas Falsches zu schreiben und den*die Ratsuchende*n dann im Gespräch zu verlieren. Die Frage nach den Grenzen des Angebots, aber auch nach den persönlichen Grenzen gilt es hierzu umso deutlicher zu klären, um zu vermeiden, dass man sich als Berater*innen in Situationen begibt, für die man sich nicht ausgestattet fühlt.

### Suizidalität

Das Thema Suizidalität taucht in der Onlineberatung recht häufig auf (Knatz, 2013) und stellt sicherlich die größtmögliche Form der Krise dar. Gleichzeitig bedeutet das Äußern von Suizidgedanken nicht sofort, dass sich ein* Ratsuchende*r umbringen wird. Insofern geht es in der Onlineberatung, wenn die Thematik Suizidalität auftaucht, auch sehr häufig um Suizidprävention. Nicht zuletzt Angebote, wie *[U25-]Onlineberatung* oder *Youth-Life-Line,* die sich explizit an junge Menschen mit Suizidgedanken richten, zeigen, dass Onlineberatung auch bei dieser Thematik ein geeignetes Angebot sein kann. Denn häufig melden sich hier Personen, die keine andere Anlaufstelle (mehr) haben.

Dennoch ist es für Onlineberater*innen eine extrem herausfordernde Situation, mit Beratungsanfragen im Kontext von Suizidalität umzugehen. Hierbei spielen neben den Begrenzungen, die das Medium mit sich bringt (Kanalreduktion), auch persönliche Hintergründe und Erfahrungen mit der Thematik Suizid/Suizidalität eine wichtige Rolle.

Knatz (2013) weist darauf hin, dass im Schreibdialog mit einer Person, die Suizidgedanken äußert, auf folgende Punkte geachtet werden sollte:

- Keine Warum-Fragen stellen: Die Gründe für einen möglichen Suizid zu hinterfragen, löst Verteidigungstendenzen beim Betroffenen*bei der Betroffenen aus und schwächt mögliche Ressourcen der Person.
- Die Ausweglosigkeit ernst nehmen: Es ist wichtig, deutlich zu machen, dass die Ausweglosigkeit der Situation erkannt wurde. Frühzeitiges Trösten oder Aufzeigen, dass das Leben auch schöne Facetten hat, würde vom*von der Ratsuchenden an dieser Stelle als Spott empfunden werden und ihm*ihr das Gefühl vermitteln, nicht ernst genommen zu werden.
- Der Verzweiflung Raum geben: Das Aushalten der Notsituation ist schwierig, ermöglicht dem*der Ratsuchenden aber das Gefühl, verstanden zu werden.
- Fragen darüber, wie es zur Spannungsentwicklung kam: Über diesen Weg kann es gelingen, über mögliche Auslöser zu sprechen und der*die Ratsuchende kann sein Leid verbalisieren und zulassen.
- Direktes Ansprechen des geplanten Suizidierens: Zur Einschätzung des Grades der Entschiedenheit und der Ernsthaftigkeit einen Suizid zu begehen, ist direktes Ansprechen wichtig.

Lesen Sie sich das folgende Fallbeispiel durch. Welche Gedanken und Gefühle löst der Text bei Ihnen aus? Welche Impulse verspüren Sie beim Lesen? Notieren Sie Ihre Gedanken und formulieren Sie anschließend eine Antwort an den Ratsuchenden. Beachten Sie hierbei die Hinweise aus → Kapitel 6.1.

Fallbeispiel »Suizid-Thematik«:
»Hallo,
ich weiß nicht wo ich anfangen soll ... Mein Leben fühlt sich an wie ein schwarzes Loch in das ich immer tiefer reingezogen werde. Letzte Woche habe ich erfahren, dass mein Vermieter mir kündigen will. Das ist aber auch nur noch der Tropfen auf den heißen Stein ... Ich denke manchmal, ist doch

wurscht, ich brauche bald eh keine Unterkunft mehr … Einmal gings mir schonmal so, am Abgrund und doch den letzten Schritt nicht gemacht … Aber jetzt weiß ich echt nicht mehr weiter …
Carlo«

## 6.2 Fakes versus Inszenierungen in der Onlineberatung

Erfahrene Onlineberater*innen kennen dieses Gefühl: Eine Beratungsanfrage erscheint schon beim ersten Durchlesen unglaubwürdig. Die Beschreibungen des Verfassers*der Verfasserin der Nachricht wirken extrem überzogen oder sind widersprüchlich. In solchen Situationen muss der*die Berater*in entscheiden, wie er*sie auf die Nachricht reagieren soll. Wertschätzung und Ernstnehmen fallen schwer und gleichwohl könnte die Anfrage ja doch real sein. Diese Ambivalenz wahrzunehmen und mit ihr konstruktiv umzugehen, erfordert die Bereitschaft der Beratungskraft zunächst einmal anzunehmen, was da ist (→ Kapitel 5.1).

Hierbei kann es hilfreich sein, sich mit dem Thema Selbstinszenierung im Netz zu beschäftigen. Turkle (1998) weist darauf hin, dass das Internet seinen Nutzer*innen ermöglicht, in vielfältige Rollen zu schlüpfen und das eigene Selbst zu konstruieren. Das Phänomen der sogenannten virtuellen Identitäten wird kontrovers diskutiert. Während Kritiker*innen davon ausgehen, dass virtuelle Scheinidentitäten dazu führen, dass der soziale Austausch ad absurdum geführt wird, sehen andere den Vorteil,

> »dass Menschen bei der Konstruktion virtueller Identitäten biografisch wichtige und sinnvolle Identitätsarbeit leisten, indem sie Aspekte ihres Selbst offenbaren und erkunden, die in vielen Offline-Situationen ausgeblendet bleiben.« (Döring, 2000, S. 65)

Gerade diese Chance des Spielens mit der eigenen Identität wird durch die Onlineberatung ermöglicht. Durch die computervermittelte Kommunikation findet eine Reduzierung sozialer Ängste und Hemmungen statt, die es auch zurückhaltenden Personen ermöglicht, sich auszuprobieren und mitzuteilen (Döring, 2000).

Es erscheint also wichtig, zwischen Fake und Inszenierung zu unterscheiden (Knatz, 2007). Während ein Fake eine bewusste Täuschung des Gegenübers darstellt und mit der Motivation einer Provokation erfolgt, dient eine Inszenierung – die eher unbewusst erfolgt – dazu, dem Gegenüber das eigene Wahrnehmen und Erleben zu zeigen.

Von einer Inszenierung im psychoanalytischen Sinn ist z. B. dann die Rede, wenn sich ein*e Patient*in in einer bestimmten Art und Weise dem Therapeuten*der Therapeutin gegenüber verhält und diesem*dieser damit ermöglicht, diese Verhaltensweise nachzuvollziehen und zu verbalisieren. So wird durch die Inszenierung der Patient*innen, deren eigenes Erleben, z. B. von vergangenen Enttäuschungen durch die Eltern, für die Fachkräfte nachempfindbar und kann kommuniziert werden.

Was bedeutet dies nun für die Onlineberatung? Zunächst einmal, dass es zwar darum geht, mit einem Text zu arbeiten (→ Kapitel 5.2), jedoch auch darum, nicht jedes Wort akribisch auf seinen Wahrheitsgehalt hin zu untersuchen. Mit dem Wissen um mögliche Inszenierungsphänomene und den darin steckenden Chancen für Ratsuchende lassen sich vermeintliche »Fake-Mails« aus einem neuen Blickwinkel betrachten und bearbeiten.

## 6.3 Vielschreiber*innen

Schreiben bedeutet, ein Ventil zu öffnen. So kommt es vor, dass insbesondere in der Mail- und Forenberatung die Beiträge der Ratsuchenden manchmal seitenlang sind und umfassende Situations- und Problembeschreibungen darstellen. Für Onlineberater*innen bedeutet dies, zunächst einige Zeit mit dem (mehrmaligen) Lesen der Anfragen zu verbringen und gleichzeitig in oftmals unübersichtliche Texte eine Struktur zu bringen, die eine gezielte Beratungsarbeit ermöglicht.

Wenn Ratsuchende viel schreiben, geht es ihnen manchmal gar nicht so sehr darum, dass sie dem Gegenüber viel mitteilen möchten. Viele Ratsuchende schreiben daher auch am Ende einer sehr langen Mail, dass es ihnen gutgetan hat, einfach einmal alles los zu werden oder den Gedanken freien Lauf lassen zu können.

> »Ich hatte mal eine Ratsuchende, die schrieb mir in jeder ihrer Mails mindestens 10 Seiten. Mir war das einfach zu viel. Ich merkte, wie meine Motivation nachließ und ich gleichzeitig ein schlechtes Gewissen bekam, da ich ja spürte, dass die Klientin wirklich in Not war. In einer meiner nächsten Mails an sie sprach ich das Thema an und bat sie, den langen Text für sich zu

schreiben und mir dann eine Mail mit der Essenz der wichtigsten Passagen zu senden. Sie nahm diesen Vorschlag an und es half ihr (und mir) wieder zu fokussieren.« (Gabi, Onlineberaterin)

Die Fachkraft ist in der Situation Beobachter*in: Sie sieht den Ratsuchenden dabei zu, wie sie ihre Gedanken sortieren, Geschehenes noch einmal durchspielen oder Vergangenes zu Aktuellem in Bezug setzen. Die folgenden Antwortbeispiele zeigen, wie man als Berater*in auf einen sehr langen Mailtext reagieren kann.

**Fallbeispiel 1 »Vielschreiber*innen«:**

»Hallo Liselotte,
Ich bedanke mich, dass Sie mich an Ihren Gedanken haben teilnehmen lassen. Ihre Mail ist, wie Sie ja selbst bemerkt haben, wieder sehr lang geworden. Das ist in Ordnung, da Ihnen das Schreiben ja auch guttut. Ich frage mich gerade, wie es uns beiden gelingen kann, das Wichtigste aus Ihren langen Mails herauszufiltern? Eine Idee, die ich hätte, wäre, dass Sie am Ende Ihrer Mail noch einmal in fünf Sätzen zusammenfassen, was Ihnen besonders wichtig ist und worauf ich eingehen soll. Das macht es mir leichter, zu verstehen, was von Ihren Themen gerade im Vordergrund steht. Wären Sie damit einverstanden?
Viele Grüße,
Ihr Gunter Müller«

**Fallbeispiel 2 »Vielschreiber*innen«:**

»Hallo Marc,
puh, das ist wirklich wieder ein langer Text geworden, da hast Du Recht! Aber ich habe das Gefühl, dass Dir das Aufschreiben hilft, um die Dinge, die Dich beschäftigten, klarer zu bekommen. Wenn ich Deine Texte so lese, habe ich das Gefühl, dass es oft eher ein Dialog mit Dir selbst ist als eine Nachricht an mich. Wie siehst Du das?
Wäre es für Dich eine Idee, das Schreiben für Dich zu nutzen? Du könntest Dir zum Beispiel ein Tagebuch anlegen, in dem Du alles niederschreibst, das Dich beschäftigt. Und hier in der Mailberatung könntest Du dann ganz bewusst versuchen, mir kürzere Nachrichten zu senden, die ein erstes

Ergebnis Deiner Gedankenreise sein könnten. Verstehst Du, was ich meine? Möchtest Du es einmal probieren?
Viele Grüße,
Sieglinde«

Vielschreiber*innen sind manchmal auch Oft-Schreiber*innen. So gibt es Ratsuchende, die mehrmals am Tag eine Nachricht senden. Diese Nachrichten können lang oder auch kurz sein. In solchen Fällen ist es wichtig, zu klären, welche Erwartungen Ratsuchende an die Onlineberatung haben und ob diese Erwartungen erfüllt werden können. Onlineberater*innen müssen auch bereit sein, Grenzen zu setzen und deutlich zu machen, dass nicht alle Erwartungen von Ratsuchenden erfüllbar sind, wie im folgenden Beispiel beschrieben:

**Fallbeispiel »Oft-Schreiber*innen«:**

»Hallo Frau Maier,
haben Sie vielen Dank für Ihre Nachrichten, seit meiner letzten Mail an Sie. Da hatten Sie einiges, das Sie loswerden mussten scheint mir?
Bei mir ist aber auch der Eindruck entstanden, dass Sie sich eine Art der Begleitung wünschen, die ich Ihnen nicht bieten kann. Sie schrieben ja auch in der letzten Mail, dass Sie langsam sauer werden, dass ich noch nicht geantwortet habe. Ich bitte Sie zu verstehen, dass ich für die Onlineberatung feste Zeiten einplane, damit ich allen Ratsuchenden gerecht werden kann. Ich würde gerne mit Ihnen gemeinsam überlegen, ob die Onlineberatung das Richtige für Sie und Ihre Anliegen ist oder ob ggf. eine andere Form der Beratung Ihren Bedürfnissen mehr entsprechen würde …«

Das deutliche Ansprechen der Grenzen des eigenen Angebots kann auch zu plötzlichen Kontaktabbrüchen führen, da sich die Ratsuchenden trotz wertschätzender und lösungsorientierter Formulierungen vor den Kopf gestoßen fühlen.

## 6.4 Kontaktabbrüche

»Ich erinnere mich an einen Fall, der mich lange Zeit beschäftigt hat. Eine junge Frau schrieb mir über einen sehr langen Zeitraum, ich glaube es war mehr als ein Jahr. Es ging um sexuellen Missbrauch und wir arbeiteten daran, dass sie es schafft, sich einer Person vor Ort anzuvertrauen. Wir hatten regelmäßigen Kontakt und ich würde sagen, dass die Beraterinnen-Klientinnen-Beziehung im Laufe der Zeit sehr vertrauensvoll war. Auf einmal meldete sie sich nicht mehr. Das passte nicht zu ihr, da sie sich meistens nach spätestens zwei Wochen bei mir meldete, um zu schreiben, wie es ihr geht. Von einem Tag auf den anderen kam keine Nachricht mehr von ihr. Ich habe lange gewartet, bevor ich den Beratungsprozess nach einem halben Jahr ohne Nachricht von ihr geschlossen habe. Es blieben viele Phantasien: War ihr etwas zugstoßen oder hatte sie jemanden vor Ort gefunden und mich einfach nicht mehr informiert? Ich habe keine Antwort darauf gefunden und musste es einfach hinnehmen. Das war frustrierend, aber ich habe gelernt damit umzugehen.« (Christine, Onlineberaterin)

Dass Beratungen scheinbar mittendrin einfach beendet sind, da sich der*die Ratsuchende nicht mehr meldet, ist kein online-spezifisches Phänomen. Dennoch scheint es in der Onlineberatung schwieriger zu sein, damit umzugehen. Es kann ganz unterschiedliche Gründe für einen plötzlichen Kontaktabbruch geben:

- Die letzte Antwort der Beratungskraft hat dem*der Ratsuchenden (nicht) gefallen.
- Der*Die Ratsuchende hat eine Lösung für sein*ihr Problem gefunden.
- Der*Die Ratsuchende hat eine Beratung/Therapie vor Ort begonnen.
- Der*Die Ratsuchende hat festgestellt, dass eine Onlineberatung nicht das Passende ist.
- Der*Die Ratsuchende ist erkrankt/in eine Klinik eingewiesen worden/verstorben.
- Der*Die Ratsuchende hat eine andere Onlineberatung (bei einer anderen Beratungsstelle) begonnen.

Kontaktabbrüche müssen von Pausen in der Beratung unterschieden werden. Manche Ratsuchende melden sich erst nach Wochen, Monaten oder sogar

Jahren wieder und knüpfen teils nahtlos an den letzten Stand der Beratung an. Oft stellt sich dann heraus, dass sie einfach eine Pause brauchten, um Abstand zu gewinnen oder sich um andere Dinge zu kümmern.

## 6.5 Stagnierende Beratungen

Manchmal drehen sich Beratungen scheinbar im Kreis und allen Interventionen der Fachkraft werden vom Ratsuchenden mit einem »Ja, aber …« begegnet. Für Berater*innen sind diese Beratungen häufig deshalb schwierig, weil sie zwar den Beratungsbedarf bei Ratsuchenden erkennen, jedoch keine Veränderungsbereitschaft wahrnehmen können. So kann es dann auch schnell passieren, dass der*die Beratende sehr viel der Arbeit für den*die Ratsuchende übernimmt und mit Handlungsvorschlägen und Denkanstößen versucht, etwas in Bewegung zu bringen, die Antworten des*der Ratsuchenden aber eher frustrierend ausfallen.

Bei stagnierenden Beratungen wird manchmal auch geklagt, der*die Ratsuchende sei »beratungsresistent«. Die Widerstände der Ratsuchenden gilt es jedoch ernst zu nehmen und zu hinterfragen. Meistens ist ein Widerstand ein wichtiger Hinweis, dass der Auftrag des*der Ratsuchenden noch nicht richtig geklärt wurde. Hierzu empfiehlt es sich, den bisherigen Beratungsprozess noch einmal durchzulesen und kritisch zu prüfen, ob die Auftragsklärung für beide Seiten transparent abgeschlossen wurde. Auch neue Aufträge, die sich im Laufe des Prozesses ergeben haben, könnten übersehen worden sein.

Beratungen, in denen nichts vorangeht, kommen vielleicht zum falschen Zeitpunkt. Der*Die Ratsuchende meldet sich zwar bei der Onlineberatung mit seinen*ihren Themen, ist aber vielleicht noch nicht an dem Punkt angelangt, sich auch wirklich aktiv in einen Veränderungsprozess zu begeben. Vielleicht möchte er*sie auch gar keine Veränderung, sondern »nur« sein*ihr Leid klagen (Beziehungstypen nach de Shazer, 1992). Denkbar ist auch, dass durch das Schreiben bei Ratsuchenden Dinge angestoßen wurden, die sie dazu veranlassen, das Thema zunächst ruhen zu lassen.

In Onlineberatungssituationen, die durch Stillstand oder Im-Kreis-Drehen gekennzeichnet sind, empfiehlt sich manchmal ein Settingwechsel. Während in der Mailberatung Fragen durch Nicht-Beantworten offenbleiben, kann in der Chatberatung noch einmal direkter nachgefragt werden. Um zu klären, ob der*die Ratsuchende eine Beratung dafür nutzen möchte, um aktiv an seinen Anliegen zu arbeiten oder miteinander noch einmal in die Auftragsklärung einzusteigen, kann also eine Chat-Einheit hilfreich sein.

Auch das Beenden einer Beratung durch den*die Berater*in muss möglich sein. Dies fällt manchen Berater*innen schwer, da es mit dem Gefühl verbunden sein kann, den*die Ratsuchende*n »hängen zu lassen« und selbst nicht »gut« genug beraten zu haben. Eine Möglichkeit ist daher auch, eine Tür für die Ratsuchenden offen zu lassen, wie das folgende Antwortbeispiel zeigt:

**Fallbeispiel »Beratungsende durch Berater*in«:**

»Hallo Geronimo,
wir haben nun schon einige Mails hin und her gewechselt und ich habe den Eindruck, dass wir uns nach wie vor im Kreis drehen. Meine Versuche, Ihren Auftrag an mich zu klären sind ins Leere gelaufen. Sie schreiben mir zwar, dass Sie so nicht weitermachen möchten, gehen aber nicht auf meine Vorschläge ein oder bringen keine eigene Ideen ein, was sie tun könnten. Ich habe überlegt, warum das so ist und habe den Gedanken, dass es vielleicht jetzt der falsche Zeitpunkt für Sie ist, eine Onlineberatung zu machen. Ich würde gerne vermeiden, dass Sie frustriert sind, weil nichts vorangeht und möchte die Beratung mit Ihnen daher an dieser Stelle gerne beenden. Ich möchte Ihnen aber auch anbieten, dass Sie sich gerne wieder melden können, wenn Sie bereit sind, sich aktiv an einer Veränderung zu versuchen.
Bis dahin wünsche ich Ihnen alles Gute!
Ihr Helmut Zinner«

**Auf einen Blick**

Onlineberatungssituationen können aus ganz unterschiedlichen Gründen als schwierig empfunden werden. Krisensituationen, bei denen es um Leben und Tod geht, sind hierbei besonders belastend und führen häufig auch an die Grenzen von Onlineberatung. Für Onlineberater*innen ist es umso wichtiger, eine gute Psychohygiene zu betreiben und sich durch das Reflektieren der eigenen Grenzen und Möglichkeiten vor eigenen Krisen zu schützen. Wie auch sonst in der Beratung gilt der Leitsatz: Nur wenn der*die Beratende gut auf sich achtet, kann er*sie auch gut auf Ratsuchende achten. So kann es hilfreich sein, sich zu verdeutlichen, dass man als Onlineberater*in zwar unterstützend tätig sein kann, jedoch nicht als Rund-um-die-Uhr-Lebensretter*in agieren kann. Die regelmäßige Inanspruchnahme von Supervision und Intervision unterstützt eine gesunde Beratungstätigkeit und stellt sicher, dass Berater*innen und Ratsuchende auch in schwierigen Situationen miteinander arbeiten können.

# 7 Onlineberatung per Video[2]

Nachdem bislang vor allem die textbasierte Onlineberatung ausführlich vorgestellt wurde, geht es in diesem Kapitel nun um eine Form der nicht-textgebundenen Onlineberatung. Der Einsatz von videogestützten Beratungsformen findet vor allem im Coaching- und Supervisionsbereich vermehrt statt. Hier spielt Anonymität in der Regel keine Rolle, sodass das Sichtbarwerden per Video eher eine Stärke darstellt.

In diesem Abschnitt werden mögliche Vor- und Nachteile dieses Beratungssettings vorgestellt und der Mehrwert des Formats wird diskutiert. Was bei der Umsetzung eines Videoberatungsangebots aus konzeptioneller und technischer Sicht beachtet werden sollte, wird anhand von kurzen Checklisten beschrieben.

## 7.1 Was ist Videoberatung?

Während im deutschsprachigen Raum und im psychosozialen Beratungssektor Onlineberatung nach wie vor überwiegend als textbasierte Beratungsform verstanden wird (Eichenberg & Kühne, 2014, S. 43), findet man im englischsprachigen Raum vielfach Definitionen, die die Kommunikation via Video einbeziehen. So ist z. B. in den Onlineberatungsrichtlinien des amerikanischen National Board of Certified Counselors (NBCC) auch ein expliziter Hinweis auf videogestützte Onlineberatungsverfahren zu finden (Reindl, 2009). Ganz grundsätzlich steigt die Bedeutung des Mediums Video in der Internetnutzung (Koch & Frees, 2016), sodass sich Berater*innen mit

2 Dieses Kapitel enthält, auf den Kontext dieses Buches angepasst, Ausschnitte aus einem früheren Fachartikel: Engelhardt, E. & Gerner, V. (2017): Einführung in die Onlineberatung per Video. E-beratungsjournal, 13 (1), S. 18–29. Verfügbar unter: http://www.e-beratungsjournal.net/ausgabe_0117/Engelhardt_Gerner.pdf (aufgerufen 05.04.2018).

der Fragestellung auseinandersetzen müssen, welche Implikationen sich hieraus auch für die Onlineberatung ergeben.

Während für die textbasierte Onlineberatung zahlreiche Definitionen vorliegen (→ Kapitel 1.1), fällt auf, dass in der psychosozialen Beratungsliteratur der Begriff »Videoberatung« kaum ausdifferenziert beschrieben wird. Dies ist vor allem der Tatsache geschuldet, dass eine methodische Auseinandersetzung mit diesem Beratungssetting bislang kaum stattgefunden hat. So beruhen viele Beschreibungen vor allem auf praktischen Erfahrungswerten – eine Tatsache, die jedoch nicht ungewöhnlich ist, da sie auch in der textbasierten Onlineberatung ein Kennzeichen der ersten Jahre war (→ Kapitel 1.2).

Die Definition von Engelhardt & Gerner (2017) soll im Folgenden als Basis für die Auseinandersetzung mit diesem Beratungssetting dienen:

> »Psychosoziale Videoberatung beschreibt eine Form der Onlineberatung, bei der die Kommunikation zwischen der beratenden und der ratsuchenden Person synchron über ein Videoübertragungssystem stattfindet, welches bei Bedarf auch um textbasierte Kommunikation ergänzt werden kann.« (S. 21)

Während in großen Unternehmen speziell eingerichtete Räume vorhanden sind, die für Video-Konferenzen genutzt werden können, wird in Beratungsstellen eine solche technische und räumliche Ausstattung in der Regel nicht vorliegen. Wenn hier also von Videoberatung die Rede ist, handelt es sich um computergestützte Videokonferenzen bzw. Desktop-Videokonferenzen, die Echtzeitgespräche basierend auf Audio und Video erlauben.

## 7.2 Vor- und Nachteile von Videoberatung

Wie auch in der textbasierten Onlineberatung ist ein Vorteil offensichtlich: Videoberatung schafft eine vergleichsweise wenig aufwändige Möglichkeit, Beratung in Anspruch zu nehmen, da die Anreise zu einer Beratungsstelle/zum Coach/zum*zur Supervisor*in entfällt. So können Kosten gespart werden, und Beratungsprozesse können auch über eine große Distanz erfolgen. Dies ermöglicht Ratsuchenden wiederum, beispielsweise auch bei Auslandsaufenthalten, Beratung im Heimatland in Anspruch zu nehmen oder aber auf Fachexpert*innen für bestimmte Beratungsthemen zuzugreifen, die außerhalb ihres näheren Wohnumfeldes verortet sind.

Diese Argumente zeichnen aber noch nicht explizit das Video als Medium aus, sondern gelten grundsätzlich für alle Formen von Distance Counseling

(Warschburger, 2009). Weitaus interessanter ist die Frage, welche Aspekte die Videoberatung im Speziellen auszeichnet.

**Mögliche Vorteile sind:**

- die Übermittlung nonverbaler Signale (Mimik, Gestik)
- die Möglichkeit, Kontextinformationen, die sich im Aufnahmebereich der Kamera und des Mikrofons befinden, zu übertragen
- die Schaffung von sozialer Nähe durch Telepräsenz
- das Wahrnehmen von Pausen in der Kommunikation
- die Möglichkeit, Feedback schneller und unmittelbarer zu geben und ggf. Interpretationsfehler zu reduzieren
- der geringere Zeitaufwand im Vergleich zum Schreiben längerer Textnachrichten
- die Möglichkeit, die gesamten Gespräche aufzuzeichnen und »nachschaubar« zu machen, wobei der zeitliche Aufwand sicherlich größer ist als beim nochmaligen Lesen einer E-Mail
- das Nutzen zusätzlicher Tools (Bildschirmfreigabe, Text-Chat, Whiteboard), welche in Videokommunikationslösungen oft vorhanden sind. Hierbei tritt der Videokanal ggf. in den Hintergrund, da die Wahrnehmung auf die verwendeten Tools fokussiert wird

**Als Nachteile könnten folgende Faktoren gelten:**

- hohe technische Anforderungen (Bandbreite, Equipment, Bedienung)
- fehlende Möglichkeit des direkten Augenkontakts
- Gefahr zusätzlicher Irritationen dadurch, dass die Kameras meist auf oder unter dem Projektionsmedium stehen, was dazu führt, dass die Gesprächsteilnehmer*innen aneinander vorbeischauen (müssen)
- kognitive Überforderung – durch das ständige Fixieren des Bildschirms, das die Konzentration auf die eigentlichen Kommunikationsinhalte erschwert und zur Ermüdung führen kann
- hoher Aufwand für kurzen Nachrichtenaustausch – durch organisatorische und vorbereitende Maßnahmen

Für eine flüssige Videobildübertragung, die auch einen störungsfreien Beratungsprozess ermöglicht, bedarf es daher einer schnellen und stabilen Internetverbindung. Besonders in ländlichen Gegenden, wo das Angebot an Beratungsmöglichkeiten eher gering ist und der Einsatz von Videoberatung besonders relevant sein könnte, sind die Netze oft noch nicht entsprechend ausgebaut. Aber auch in besser ausgestatteten Regionen kann es Hürden geben, z. B. durch die mangelnde Ausstattung und Infrastruktur der Beratungsinstitution.

## 7.3 Praxistipps für die Umsetzung einer Beratung per Video

Damit eine Beratung per Video stattfinden kann, bedarf es bestimmter organisatorischer aber auch technischer Voraussetzungen. Neben einer inhaltlichen Vorbereitung auf das Beratungsgespräch muss die Fachkraft dafür Sorge tragen, dass auch der*die Ratsuchende möglichst reibungslos Zugang zur Videoberatung erhält.

### 7.3.1 Organisatorische Voraussetzungen

Checkliste Videoberatung

Für den ungestörten Ablauf der Videoberatung haben sich folgende vorbereitende Maßnahmen seitens der Berater*innen bewährt:

- Ein ruhiger Arbeitsplatz, der Hintergrundgeräusche und »Durchgangsverkehr« minimal hält, ist wichtig.
- Der von der Kamera erfassbare Hintergrund sollte zudem neutral und reizarm sein, um Irritationen zu vermeiden.
- Hilfreich für die Wahrnehmung ist eine gute Ausleuchtung des Gesichts, also Licht von vorne.
- Zudem sollte die Kamera so platziert werden, dass die Blickrichtung der Augen und die Kamera auf einer Linie sind, um den Eindruck eines »Von-oben-Herabschauens« bzw. »Von-unten-Hinaufschauens« zu vermeiden.
- Neutrale, reizarme Kleidung; auf grelle Rottöne verzichten.

Diese Maßnahmen werden vor allem den Beratenden als Ausgestaltung des professionellen Handelns empfohlen. Sie können zur Unterstützung des Beratungsprozesses auch an den Ratsuchenden weitergegeben werden; deren Umsetzung kann jedoch weder vorausgesetzt noch erwartet werden.

Außerdem müssen den Ratsuchenden vorab folgende Informationen übermittelt werden:

- Termin und Dauer (max. eine Stunde) der Videokonferenz (zuvor bereits abgestimmt)
- Zugangsdaten für die Einwahl in das Videokonferenzsystem
- benötigte technische Voraussetzungen (Rechner mit Internetanschluss, Webcam und Audioanschluss, ggf. Headset mit Mikro)
- Verhalten bei technischen Schwierigkeiten (z. B. Anruf bei der Fachkraft)
- telefonische Kontaktdaten des*der Beratenden (damit bei technischen Schwierigkeiten schnell Kontakt aufgenommen werden kann und das Gespräch ggf. telefonisch fortgeführt werden kann)

### 7.3.2 Technische Voraussetzungen

Neben einer stabilen und übertragungsstarken Internetverbindung müssen für die Onlineberatung per Video vor allem rechtliche Aspekte besondere Beachtung finden. So sollten nur Softwarelösungen zum Einsatz kommen, die es vor allem den Beratenden, die der Verschwiegenheitspflicht nach § 203 StGB unterliegen, ermöglichen, Onlineberatung per Video auf einem (rechtlich) sicheren Weg anzubieten. Die unterschiedlichen Softwareanbieter (→ Kapitel 9.5) haben Lösungen entwickelt, die einen solchen sicheren Übertragungsweg ermöglichen. Eine Videoberatung per Skype oder anderen Systemen, die Daten unverschlüsselt über das Netz übertragen, stellt eine Nicht-Einhaltung der Verschwiegenheitspflicht dar und kann strafrechtlich verfolgt werden.

## 7.4 Argumente für (und gegen) die Videoberatung

Die Beratung per Video bietet zumindest ausschnittsweise einen direkten Einblick in die Lebenswelt/Umgebung der Ratsuchenden, aber auch in die Beratungsstelle/Praxis der Fachkraft. Für Menschen mit körperlichen Einschränkungen bietet sie die Möglichkeit, nur so viel von sich zu zeigen, wie sie möchten. Und Menschen mit psychischen Einschränkungen erhalten die Möglichkeit, ein dem Face-to-Face-Kontakt ähnliches Gespräch zu führen, ohne hierfür direkten Face-to-Face-Kontakt haben zu müssen. Gleichwohl können die hohen technischen Anforderungen auch Schwierigkeiten mit sich bringen, die den Beratungsprozess eher behindern als fördern.

Bei der Videoberatung werden viele Kontext-Informationen automatisch mit übertragen, ohne dass diese explizit formuliert werden müssen (wie es dagegen beispielsweise bei der Mailberatung der Fall ist). Dadurch können die Vorteile der verbalen und nonverbalen Kommunikation (Zeitersparnis, Spontaneität, schnelles Nachfragen, etc.), welche auch oftmals gewohnter und vertrauter sind, genutzt werden. Offen bleibt, ob diese Reichhaltigkeit der Signalübertragung zu einer qualitativen Verbesserung des Beratungsgesprächs beiträgt. Trotz einer gewissen Nähe zur Face-to-Face-Situation muss den Beratenden bewusst sein, dass ihnen nur ein Ausschnitt übermittelt wird und ggf. wichtige Kontextinformationen (z. B. verkrampfte Hände, unruhiges Fußwippen) nicht wahrgenommen werden können. Zudem kann es für Ratsuchende – je nach Anlass und Zielsetzung der Beratung – besonders hilfreich oder aber extrem unangenehm sein, ihr eigenes Videobild übertragen und den Übertragungsausschnitt selbst ansehen zu müssen.

Vor der Entwicklung von Videoberatungsangeboten ist daher zunächst zu klären, ob das Angebot überhaupt geeignet ist, um die Zielgruppe zu erreichen, und wie dieses gestaltet sein muss, um einen Nutzen für die Beratung zu generieren. Die Vielfalt onlinefähiger (Beratungs-)Medien ermöglicht es, immer passgenauere und zielgruppenspezifischere Angebote zu entwickeln. Die Medienwahl der Klient*innen erfolgt in diesem Zusammenhang sehr individuell und anlassbezogen (Reindl, 2009). Und da bestimmte Personenkreise die klassische Beratung vor Ort niemals in Anspruch nehmen würden und die Onlineberatung für sie sogar den einzigen Zugang zu einer Beratung darstellt (Wenzel, 2013b), muss auch hier über medial unterschiedlich gestaltete Settings nachgedacht werden. Denn Fakt ist auch, dass Onlineberatungsangebote, die textbasiert stattfinden, ebenfalls viele Zielgruppen per se ausschließen. Personen, die Schwierigkeiten haben, sich schriftlich auszudrücken (aufgrund kognitiver oder sprachlicher Barrieren), werden eine textbasierte Onlineberatung kaum nutzen, eine Videoberatung hingegen könnte für sie eine attraktive Alternative darstellen.

Bei der Frage, wo Videoberatung künftig eingesetzt werden kann, sollte vor allem im Vordergrund stehen, wo sie einen Nutzen stiften kann. Es ist z. B. davon auszugehen, dass gerade im Rahmen von Blended Counseling-Prozessen (→ Kapitel 8) die Beratung per Video künftig eine Rolle spielen wird, da diese Beratungsform von der Nutzung vielfältiger Medienkanäle und Settings profitiert.

Abseits der Beratung kann das Medium Video auch für andere Zwecke eingesetzt werden: Für Öffentlichkeitsarbeits- und Informationszwecke können (asynchrone) Videobotschaften genutzt werden. Vorstellungsvideos (z. B. https://www.youtube.com/watch?v=Swf8_NjqepM (aufgerufen 03.04.2018)) auf der Webseite der Beratungseinrichtung können eine erste

Orientierung über das bieten, was Ratsuchende dann vor Ort erwartet. Ebenso können aufgezeichnete Erfahrungsberichte oder kleine Tutorials zu bestimmten beratungsrelevanten Themen eine sinnvolle Ergänzung darstellen.

Zu klären und zu prüfen bleibt künftig, welche Methoden, die aus der Face-to-Face-Beratung, aber auch aus der textbasierten Onlineberatung bekannt sind, auf die Videoberatung übertragen werden können. Ebenso wird es darum gehen, neue Interventionen zu entwickeln, die den Besonderheiten des Video-Settings gerecht werden. Zudem wird die Akzeptanz und Wirksamkeit von Videoberatung und der im Rahmen dieser verwendeten Methoden und Interventionen zu evaluieren sein.

### Auf einen Blick

Die Videoberatung sollte als ein weiterer Baustein einer sich medial ausdifferenzierenden Beratungslandschaft verstanden werden. Dort, wo sie nutzbringend eingesetzt werden kann und vor allen Dingen die notwendigen Rahmenbedingungen vorhanden sind, kann sie auch als eine neue, kreative methodische Intervention einen Beitrag leisten.

# 8 Blended Counseling

Nachdem die Onlineberatung in den ersten Jahren ihrer Entstehung vor allem als eine eigenständige Form der Beratung verstanden wurde, bei der ganze Prozesse online stattfinden können, deutet sich seit etwa 2012 eine andere Entwicklung an. So finden vermehrt Beratungsprozesse statt, die medial über verschiedene Kommunikationskanäle realisiert werden. Diese unter dem Stichwort »Blended Counseling« beschriebene Entwicklung stellt neue Herausforderungen sowohl an die Beratenden als auch an die Einrichtungen und Träger. So müssen einerseits bestehende Beratungskonzepte überarbeitet und weiterentwickelt werden und andererseits beratend Tätige die Gestaltung von Prozessen mit Unterstützung unterschiedlicher Medien und Kommunikationskanäle systematisch erlernen.

Neben einer begrifflichen Einführung werden in diesem Kapitel mögliche Zukunftsperspektiven für die Beratung beschrieben. Wie ein Blended Counseling-Konzept methodisch umgesetzt werden kann, wird anhand von Fallbeispielen vorgestellt. Hierbei spielen mögliche Implikationen für einen Settingwechsel ebenso eine Rolle wie sich daraus ergebende organisatorische Bedingungen. Abschließend werden notwendige Voraussetzungen und Rahmenbedingungen bei der Durchführung von Blended Counseling-Prozessen dargestellt.

## 8.1 Begriffliche Einführung

Der Counselingbegriff ist im deutschen Sprachraum wenig verbreitet, wenngleich *counseling* ins Deutsche übersetzt nichts anderes als »Beratung« heißt. Übersetzt man den Begriff »Blended Counseling«, so geht es um eine »gemischte Beratung«.

Bereits 2008 hat Nestmann darauf hingewiesen, dass Beratung künftig auch immer häufiger im Wechsel von Face-to-Face und online stattfinden wird.

Der Begriff Blended Counseling ist als Analogie zu Blended Learning entstanden und beschreibt eine systematische Mischung von Anteilen des *Distance Counseling* (hierzu gehören Beratung via Telefon, Video, Chat, Forum, Mail, Brief, Messenger etc.) mit Face-to-Face-Counseling (also im klassischen Präsenzsetting). Konkret bedeutet dies, dass ein Beratungsprozess in mehr als einem Setting (medial unterstützt) verwirklicht wird und hierbei die Stärken des jeweiligen Settings genutzt werden, um den Prozess möglichst zielführend für die Ratsuchenden zu gestalten.

Für die Praxis der Onlineberatung, die bislang häufig losgelöst von anderen Beratungssettings stattgefunden hat, ergeben sich vor diesem Hintergrund neue konzeptionelle Möglichkeiten und Herausforderungen. Der Wandel hin zu einem Blended Counseling-Konzept lässt sich aber durchaus auch als eine Reaktion auf die veränderten Anforderungen von Ratsuchenden an die Beratung verstehen. Charakterisierte sich die Onlineberatung zunächst vor allem durch den Aspekt der Möglichkeit anonym beraten zu werden, geht es inzwischen für viele Ratsuchende auch darum, ein Angebot mit möglichst hoher Flexibilität nutzen zu können. Dieser Bedarf liegt nicht zuletzt auch in den medialen Nutzungsgewohnheiten der Ratsuchenden verankert und so ist davon auszugehen, dass vor allem die künftigen Generationen, die eine Beratung in Anspruch nehmen werden, den Wechsel zwischen Onlineberatung, telefonischer Beratung und Präsenzberatung als selbstverständlich wahrnehmen und erwarten werden (Engelhardt & Reindl, 2016).

Dennoch befindet sich die konzeptionelle Realisierung von Blended Counseling als einer möglichen Beratungsform der Zukunft noch in der Anfangsphase. Eine intensive Auseinandersetzung mit den Chancen, die in einer Erweiterung des eigenen Beratungsverständnisses und einer Neuentwicklung des verwirklichten Beratungskonzeptes stecken, findet derzeit bei vielen Trägern statt und schließt damit auch an die Überlegungen von Wenzel (2013b) an, die Kommunikation ins Zentrum der Beratung zu stellen, die (medial) unterschiedlich unterstützt stattfinden kann.

## 8.2 Blended Counseling-Konzepte

Bei der Planung und Umsetzung eines Blended Counseling-Konzeptes müssen unterschiedliche Aspekte berücksichtigt werden. Wie auch bei der Entscheidung für oder gegen ein Onlineberatungsangebot sollte zunächst die Frage geklärt werden, welchen Nutzen Blended Counseling für die Ratsuchenden, aber auch für die Beratenden hat.

✍ Überlegen Sie einmal selbst: Wann können Sie sich Blended Counseling als zielführendes Konzept vorstellen? Für welche Beratungsanlässe oder Klient*innentypen könnte ein solches Konzept besonders geeignet sein?

### 8.2.1 Umsetzungskonzepte von Blended Counseling

Ganz grundsätzlich können vier unterschiedliche konzeptionelle Umsetzungen von Blended Counseling unterschieden werden, die in → Tabelle 13 schematisch vorgestellt werden und jeweils von der Entstehung des Beratungsprozesses her gedacht sind.

**Tabelle 13:** Konzepte von Blended Counseling

| Anbahnung des Beratungskontaktes | Weiterführung des Beratungskontaktes |
|---|---|
| Mit einem Medium des Distance Counseling | Face-to-Face-Beratung |
| Mit einem Medium des Distance Counseling | Face-to-Face und mit einem Medium des Distance Counseling |
| Face-to-Face | Mit einem Medium des Distance Counseling |
| Face-to-Face | Mit einem Medium des Distance Counseling und Face-to-Face |

Bedenkt man, dass es für bestimmte Klient*innentypen und bei schambesetzten Themen schwierig oder gar undenkbar ist, eine Beratung vor Ort in Anspruch zu nehmen, so kann ein Blended Counseling-Konzept, das einen Start z. B. in der Onlineberatung vorsieht, für diese Gruppen eine Ergänzung zum bestehenden Beratungsangebot darstellen, die ihnen überhaupt erst einen Zugang zum Hilfesystem ermöglicht. So kann eine junge Frau, die von sexualisierter Gewalt betroffen ist, zunächst schreibend Kontakt zu einer Beratungsstelle aufnehmen und selbst stark steuern, wieviel sie von sich und ihren Erfahrungen preisgeben möchte. Entsteht dann zwischen der Fachkraft und den Klient*innen eine tragfähige und vertrauensvolle Beratungsbeziehung, kann der*die Beratende zu einem Termin in die Beratungsstelle einladen und es den Ratsuchenden somit erleichtern, den Schritt in die Face-to-Face-Beratung zu wagen.

Ebenso ist aber auch denkbar, dass der Beratungsprozess in einem Wechsel von Terminen in der Beratungsstelle und Onlineberatungskontakten gestaltet wird. Die Ratsuchenden haben so die Möglichkeit, z. B. im Nachgang an einen Gesprächstermin, Gedanken und Gefühle niederzuschreiben und mit der Fachkraft zu teilen oder bei Bedarf auch kurzfristig Unterstützung einzuholen.

**Fallbeispiel 1:**

Herr Kurz leidet seit vielen Jahren unter starken sozialen Ängsten. Er vermeidet daher größtenteils soziale Kontakte und hat sich stark zurückgezogen. In Folge dieses Rückzugs hat er vor einigen Jahren seine Arbeit verloren und lebt nun von Hartz IV. In einer Mail wendet er sich an die allgemeine Lebensberatungsstelle und schildert in mehreren Kontakten mit dem Berater seine Situation. Zwischen dem Berater und Herrn Kurz entwickelt sich ein vertrauensvoller Kontakt und der Berater spricht in einer Mail auch die Möglichkeit eines Termins in der Beratungsstelle an. Durch den Kontakt per Mail wurde zudem deutlich, dass Herr Kurz zwar therapeutische Hilfe benötigen würde, sich aber bislang nicht getraut hat, diese in Anspruch zu nehmen. Ein Besuch in der Beratungsstelle könnte für Herrn Kurz ein erster Schritt nach außen sein. Er vereinbart zunächst mit dem Berater, dass er sich telefonisch in der Beratungsstelle meldet, um einen Termin zu vereinbaren. Der Berater bietet ihm hierzu an, sich direkt bei ihm zu melden, statt wie sonst üblich bei der Sekretärin. Herr Kurz telefoniert mit dem Berater und vereinbart einen Termin in zwei Wochen. In der Zwischenzeit bleiben sie per Mail in Kontakt und der Berater erfragt unter anderem, was er dazu beitragen kann, damit der Termin für Herrn Kurz gut verlaufen kann. Sie besprechen hierzu unterschiedliche Aspekte und entwickeln Strategien, wie es Herrn Kurz gelingen kann, den Termin auch wirklich wahrzunehmen. Nach dem Termin in der Beratungsstelle ist Herr Kurz zunächst unzufrieden mit sich selbst. Er hat kaum etwas sagen können und war sehr nervös. Gleichzeitig ist er auch ein bisschen stolz auf sich, dass er den Schritt gewagt hat. Diese Gedanken schildert er in einer nächsten Mail seinem Berater, der ihn bestärkt und das weitere Vorgehen mit ihm bespricht. So einigen sie sich darauf, dass Herr Kurz alle zwei Wochen in die Beratungsstelle kommt und im Anschluss an die Termine per Mail mit dem Berater in Kontakt bleiben kann. Schritt für Schritt gelingt es Herrn Kurz, sich zu öffnen und in den Gesprächsterminen aktiver zu werden. Nach einigen Monaten schafft er es, mit der Unterstützung des Beraters, Kontakt zu einer Therapeutin aufzunehmen. Da diese erst einen Termin in drei Monaten anbieten kann, bleibt Herr Kurz in der Wartezeit weiterhin mit seinem Berater in Kontakt. Sie telefonieren regelmäßig und Herr Kurz kann sich bei Bedarf auch per Mail melden.

Bei anderen Beratungsanlässen entsteht die Kontaktanbahnung im Face-to-Face-Setting, kann dann aber auch in einem *Distance Counseling*-Setting fortgesetzt werden. Dies hat manchmal ganz praktische Gründe, wenn z. B. aufgrund eines Ortswechsels oder beruflich bedingten Auslandsaufenthaltes der Kontakt zur Fachkraft weiter gehalten werden soll. Neben diesen eher organisatorisch bedingten Gründen für einen Settingwechsel können aber auch andere Motive für eine Weiterführung in der Onlineberatung sprechen. Möglicherweise fällt es dem*der Klienten*Klientin leichter, über seine*ihre Probleme zu schreiben, statt in der Beratungsstelle darüber zu sprechen oder sein*ihr persönlicher Zustand lässt regelmäßige Termine nicht zu. Ebenso könnte der*die Berater*in zu der Einschätzung kommen, dass ein Kontakt zu der Beratungsstelle für den*die Ratsuchende*n zwar hilfreich ist, er*sie aber in der Lage ist, die Situation größtenteils selbstgesteuert zu bewältigen und lediglich ab und an eine Rückmeldung oder einen Impuls benötigt. Denkbar ist aber auch, dass ein Beratungsprozess online zu Ende geführt wird und so ein schrittweises Abnabeln von der Beratungskraft erfolgen kann, ohne ein abruptes Ende in der Face-to-Face-Beratung forcieren zu müssen. Hierzu kann auch ein Wechsel von Terminen und Mailkontakten genutzt werden, bis nach und nach die Kontaktfrequenz verkleinert wird und sich der*die Klient*in nur noch bei Bedarf in der Mailberatung meldet.

**Fallbeispiel 2:**

Frau Mannheimer ist selbständig tätig und hierdurch bedingt beruflich viel unterwegs. Sie ist frisch geschieden und lebt mit ihrem 16-jährigen Sohn zusammen, der in der letzten Zeit mehrfach stark alkoholisiert nach Hause kam. Sie ist in Sorge, dass er abrutschen könnte, da es ihr nicht gelingt, mit ihm in Kontakt zu kommen. Sie entscheidet sich, die Suchtberatungsstelle ihrer Heimatstadt aufzusuchen. Nach zwei Terminen mit der Beraterin bietet diese ihr an, über die Onlineberatung in Kontakt zu bleiben, da dies Frau Mannheimer ermöglicht, auch kurzfristig mit der Beraterin zu sprechen. Sie kann so kontinuierlich - auch wenn sie beruflich unterwegs ist - mit der Beraterin sprechen und bleibt flexibler, was in ihrer beruflichen Situation wichtig ist.

**Fallbeispiel 3:**

Mia ist 17 und leidet an einer Zwangsstörung. Nach einer langen Zeit in der Beratungsstelle schafft sie es, eine Therapie zu beginnen. Sie ruft nach wie vor in der Beratungsstelle an und möchte Termine mit ihrer Beraterin vereinbaren, da ihr die Wartezeiten zwischen den einzelnen Therapiesitzungen zu lange dauern. Die Beraterin bietet ihr an, noch drei Monate miteinander per Mail in Kontakt bleiben zu können und vereinbart mit ihr, dass Mia sich einmal wöchentlich melden darf, um zu berichten, was sich bei ihr getan hat. Mia nutzt dieses Angebot einige Wochen und berichtet dort von dem Verlauf ihrer Therapie. Nach einiger Zeit schreibt sie der Beraterin, dass sie nun gut in der Therapie angekommen ist und schickt ihr eine letzte Abschluss-Mail, in der sie sich für die Unterstützung der Beraterin bedankt und den Kontakt mit ihr beendet.

Die Fallbeispiele skizzieren unterschiedliche Anlässe, einen Settingwechsel einzuleiten bzw. unterschiedliche Settings im Sinne eines Blended Counseling zu gestalten. Für die Ratsuchenden ergeben sich so nicht nur mehr Flexibilität, sondern auch mehr Wahlmöglichkeiten und eine größere Entscheidungsfreiheit bei der Mitgestaltung des Beratungsprozesses. Sie erfahren zudem Entlastung, wenn das Warten auf einen Termin in der Beratungsstelle oder bei Therapeut*innen zu einer großen Belastung wird. Dennoch liegt die Verantwortung für die Prozessgestaltung vor allem in den Händen der Fachkraft. Sie muss entscheiden, welches Setting für welche Themen und Klient*innen geeignet ist und muss in der Lage sein, einen Settingwechsel so einzuleiten, dass sie bei Ratsuchenden nicht zu ungewollten Irritationen oder gar Verunsicherungen führen. So könnte z. B. bei Ratsuchenden die Annahme entstehen, dass die Bitte der Beratungskraft, zu einem Gespräch in die Beratungsstelle zu kommen, ein Beleg dafür ist, dass das Anliegen für die Onlineberatung zu schwierig ist (Engelhardt & Reindl, 2016).

### 8.2.2 Entscheidungsindikatoren

Die möglichen Unterschiede, die sich in den jeweiligen Settings ergeben können, geben einige Hinweise für die Gestaltung von Blended Counseling-Prozessen. → Tabelle 14 greift die Überlegungen von Weiß (2013) auf, die ihr Blended Counseling-Verständnis anhand eines Phasenmodells für die Beratung darstellt.

**Tabelle 14:** Unterschiede im Face-to-Face-Setting versus Onlineberatungs-Setting

| Phase | Face-to-Face | Onlineberatung |
|---|---|---|
| Orientierungsphase | Höhere Verbindlichkeit, größerer sozialer Druck, ggf. schnellere Auftragsklärung | Niedrigschwelliger Einstieg, höhere Unverbindlichkeit, Ratsuchende*r kann sich vorsichtig herantasten |
| Klärungsphase | Leichtere Einschätzung möglicher Grenzen und ggf. Weitervermittlung in geeignetes Angebot, Möglichkeit in Krisensituationen direkt eingreifen zu können | Zeit für Auseinandersetzung, schreiben, wenn es am dringendsten ist, kein Druck innerhalb eines Termins, alles sagen zu müssen, was wichtig ist |
| Veränderungsphase | Direktes »Nachsteuern« möglich | Mehr Verantwortung und Autonomie bei der*dem Ratsuchenden |
| Abschlussphase | Feedback zum Beratungsprozess einholen meist besser möglich | Möglichkeit, noch Kontakt zur Beratungsstelle zu halten, Stabilität und Sicherheit |

Neben den Vorteilen, die sich für die Ratsuchenden ergeben, erhalten auch die Berater*innen durch den Einsatz eines Blended Counseling-Ansatzes eine größere Flexibilität sowie größere methodische Vielfalt bei der Gestaltung eines Beratungsprozesses. Gleichzeitig werden sie aber auch mit neuen Störungen konfrontiert, wenn beispielsweise Erwartungshaltungen der Ratsuchenden nicht erfüllt werden können (wie z.B. ein schnelleres Antworten in der Onlineberatung, weil man sich jetzt auch persönlich kennt) oder eigene Erwartungen zu Irritationen führen (weil z.B. Klient*innen dann doch ganz anders sind, als man sich online ein Bild vom ihm*ihr gemacht hatte).

> »Spürt die Beraterin zum Beispiel Widerstände, eine Klientin, die in der Onlineberatung als Vielschreiberin aufgefallen ist, nun in der Beratungsstelle zu empfangen, weil sie befürchtet, sie dann nicht bremsen zu können? Diese auf den ersten Blick vermeintliche Schwierigkeit stellt für Beratende jedoch durchaus eine Chance dar, ermöglicht sie doch einen Reflexionsprozess.« (Engelhardt & Reindl, 2016, S. 140)

Berater*innen müssen sich jedoch auch neu und anders organisieren, da Onlineberatungszeiten und Präsenzberatungszeiten aufeinander abgestimmt sein müssen, in der Onlineberatung aber häufig schlechter planbar ist, wie viele Anfragen zu welchem Zeitpunkt eingehen und bearbeitet werden müssen. Es geht also neben einer methodischen Konzeption auch um organisatorische Aspekte, die beachtet werden müssen.

## 8.3 Voraussetzungen und Rahmenbedingungen für Blended Counseling in der Praxis

Bevor ein Blended Counseling-Ansatz in der Praxis realisiert werden kann, müssen unterschiedliche organisatorische Voraussetzungen und Rahmenbedingungen sichergestellt sein.

So geht es in einem ersten Schritt darum, zu klären, ob ein Blended Counseling-Konzept innerhalb der Einrichtung überhaupt einen Nutzen generiert und wie dieser konkret aussehen kann. Ggf. ergibt es Sinn, ein bestehendes Onlineberatungsangebot nicht in das Präsenzberatungsangebot zu integrieren (z. B., wenn die Onlineberatung konzeptionell so gestaltet ist, dass sie eine Anonymität auf beiden Seiten, also Klient*in und Berater*, gewährleistet). Es bedarf also einer intensiven Auseinandersetzung mit dem bestehenden (Online-)Beratungskonzept der Einrichtung, sofern ein solches überhaupt vorhanden ist. Und hierin steckt auch eine Chance: Die bisherige Beratungspraxis kann noch einmal beleuchtet und auf ihre Aktualität im Hinblick auf die (veränderten) Präferenzen und Anforderungen der Ratsuchenden geprüft werden.

Ebenso muss sichergestellt werden, dass die Beratungsfachkräfte für alle Formen der Beratung entsprechend qualifiziert sind. Haben bislang beispielsweise nur zwei Kolleg*innen aus der Einrichtung die Onlineberatung betreut und soll nun das Angebot erweitert werden, müssen auch die anderen Berater*innen in der Lage sein, kompetent online beraten zu können. Sie müssen jedoch vor allem lernen, wie sich Blended Counseling umsetzen lässt.

> »Dies ist insofern wichtig, da Kompetenzen in Onlineberatung auf der einen Seite und in klassischer Beratung von Angesicht-zu-Angesicht auf der anderen Seite noch nicht ausreichen, um Blended Counseling zu betreiben. Die systematische Verknüpfung zweier Beratungsformate, die sich methodisch aber auch organisatorisch unterscheiden, bedarf wiederum spezifischer Kenntnisse. Die Beratenden müssen hierbei unter anderem lernen, welche Indikationen für einen möglichen Settingwechsel sprechen, und wie mit den daraus resultierenden Auswirkungen umgegangen werden kann.« (Engelhardt & Reindl, 2016, S. 139)

Es geht also um weitaus mehr als nur darum, das Face-to-Face-Angebot mit dem Onlineberatungsangebot zu verschränken.

Außerdem müssen einige datenschutzrechtliche Fragen geklärt sein (→ Kapitel 10.3), da der Settingswechsel die Beratenden manchmal mit einer nicht ganz eindeutigen Situation konfrontiert. Wie wird z. B. damit umgegangen, wenn Ratsuchende aus der Onlineberatung zu einer anderen Fachkraft in die Face-to-Face-Beratung wechseln? Welche Berater*innen haben Zugriff auf welche Daten? Und wie kann eine mögliche Datenweitergabe mit Einverständnis der Klient*innen organisiert werden? Die einfachste Lösung ist hierbei, dass kein Berater*innenwechsel stattfindet, was in der Regel auch der Fall ist und für die Gestaltung des Beratungsprozesses und der Beratungsbeziehung von Vorteil ist. Findet jedoch ein Berater*innenwechsel statt, da Klient*innen beispielsweise an Expert*innen aus der Einrichtung weitervermittelt werden, muss eine Lösung gefunden werden, die einen organisatorisch möglichst geringen Aufwand bedeutet, gleichzeitig aber den Bestimmungen des Datenschutzes entspricht.

**Fallbeispiel:**

Herr Meyer meldet sich in der Onlineberatung der betrieblichen Sozialberatung seiner Firma. Im Laufe des Onlineberatungskontaktes stellt sich heraus, dass es sinnvoll wäre, wenn sich Herr Meyer bei einer Kollegin der betrieblichen Sozialberatung vor Ort meldet, die Expertin für sein Thema ist. Herr Meyer möchte jedoch nicht noch einmal in der gleichen Ausführlichkeit von seinem Problem erzählen, hält es jedoch für wichtig, dass die Beraterin vor Ort seine ganze Geschichte kennt. Die Onlineberaterin schlägt Herrn Meyer daraufhin vor, dass er den Beratungsverlauf ausdruckt und vor dem ersten Termin bei der Beraterin vorbeibringt, damit sich diese den Verlauf durchlesen kann. Herr Meyer stimmt diesem Vorgehen schriftlich zu. Den ausgedruckten Prozess legt die Beraterin daraufhin in ihrer Beratungsdokumentation zu Herrn Meyer ab und sorgt dafür, dass diese ordnungsgemäß im Büro mit den anderen Gesprächsprotokollen aufbewahrt wird.

Weitere organisatorische Aspekte, die bei der Konzeption bedacht werden müssen, sind die folgenden:

- Realisierung möglicher Dokumentationspflichten zur Abrechnung mit dem Kostenträger (Onlinekontakte vs. Face-to-Face-Kontakte)

- Technische Ausstattung der Arbeitsplätze
- Mögliche arbeitsrechtliche Konsequenzen (Flexibilität vs. Arbeitszeiten)

Es bedarf insgesamt einer sorgfältigen Vorgehensweise, die sicherstellt, dass die Berater*innen in einem klaren Rahmen und unter guten Bedingungen arbeiten können (Engelhardt & Reindl, 2016).

## 8.4 Blended Online Counseling und Blended Media

Weiß (2013) macht darauf aufmerksam, dass auch innerhalb der Onlineberatung ein Medienwechsel stattfinden kann, der folglich als Blended Online Counseling bezeichnet werden muss. Wenn aus einer Mailberatung in einen Chat gewechselt wird oder umgekehrt, liegen dieser Handlung ähnliche Überlegungen zugrunde wie bei der systematischen Verknüpfung von Face-to-Face- und *Distance Counseling*. Es geht um die Gestaltung eines möglichst wirksamen Beratungsprozesses unter Einbeziehung der Vorteile des jeweiligen Settings.

Da sich inzwischen aber auch aus der Entwicklung der mobilen Endgeräte (z.B. Smartphone) neue Aspekte für die Beratung ergeben, geht es nicht nur um die Nutzung verschiedener Settings zur Gestaltung des Beratungsprozesses. Auch die Verwendung des jeweiligen Mediums, das eingesetzt wird, um die Kommunikation zu unterstützen, spielt eine Rolle (→ Kapitel 4.1).

Mehr zu den aktuellen und künftigen Entwicklungen finden Sie in → Kapitel 11. Denkbar ist künftig, dass Onlineberater*innen den Klient*innen per Smartphone bis ins Wartezimmer des Therapeuten*der Therapeutin begleitet oder als Coach im Alltag auch kurzfristige Rückmeldungen geben kann.

**Auf einen Blick**

Zukünftig ist eine immer größere Vielfalt an Optionen gegeben, die sich in einer Mischung unterschiedlicher Kommunikationskanäle und -settings mit Hilfe verschiedenster Medien und deren spezifischen Eigenheiten auszeichnet. Berater*innen, die nach Blended Counseling-Prinzipien arbeiten, haben hierbei im Blick, mit welchem medialen Setting der Beratungsprozess und Ratsuchende optimal unterstützt werden können.

# 9 Qualitätssicherung online

Die Qualität eines Onlineberatungsangebots und insbesondere die Sicherstellung dieser Qualität drückt sich in unterschiedlichen Dimensionen aus. Zum einen geht es um die beraterische Qualität, die durch entsprechende Qualifizierungsmaßnahmen (→ Kapitel 1.4) sowie regelmäßige Supervision und Intervision, den Besuch von Fachtagungen und das Lesen von Fachliteratur und -zeitschriften gewährleistet wird. Zum anderen wird Qualität durch einige organisatorische Aspekte garantiert, indem z. B. dafür Sorge getragen wird, dass eine Einrichtung ihre Ressourcen mit Bedacht plant und koordiniert und ein Feedback- und Beschwerdemanagement vorhanden ist, das Rückmeldungen von Klient*innen in die Verbesserung des eigenen Angebots einfließen lässt. Elementar für die Onlineberatung ist zudem der Einsatz einer geeigneten Software, um sowohl eine möglichst leichte technische Handhabung zu gewährleisten, aber auch dafür zu sorgen, dass die Daten der Klient*innen sicher gespeichert und übertragen werden. Das folgende Kapitel bietet einen Überblick über die wichtigsten Qualitätssicherungsaspekte und gibt Hinweise zur Umsetzung des Qualitätsmanagements in der Onlineberatung.

## 9.1 Supervision und Intervision online

Die Überschrift dieses Kapitels beinhaltet schon einen ersten wichtigen Hinweis: Es ist sinnvoll, Supervisions- und Intervisionsprozesse, die sich auf Fälle oder Sachlagen aus der Onlineberatung beziehen, auch online durchzuführen (→ Kapitel 4.4). Oftmals wird in Onlineberatungsteams in Form von »Blended Supervision« und »Blended Intervision« gearbeitet, sodass zwar auch eine Supervision bzw. Intervision in einem Face-to-Face-Setting stattfinden kann, was häufig vor allem zum gegenseitigen Kennenlernen zwischen Supervisor*in und Berater*innen dient.

Supervision beschreibt eine Form der Beratung, die im beruflichen Kontext stattfindet. Sie bietet die Möglichkeit der Reflexion des eigenen beruflichen Handelns und der eigenen Rolle mit der Unterstützung eines*einer Supervisor*in. Sie dient so der Sicherstellung der eigenen Arbeitsqualität und -zufriedenheit im Hinblick auf die Zusammenarbeit mit Klient*innen, dem Team sowie der Organisation.

Intervision beschreibt eine Form der kollegialen Beratung, bei der sich Kolleg*innen bei der Bearbeitung eines Problems (z. B. Umgang mit einem*r Klienten*Klientin) gegenseitig unterstützen. Die Teilnehmer*innen profitieren so von der Erfahrung der Teamkolleg*innen und dem Austausch miteinander.

Online-Supervision wird sowohl in Form von Fallsupervision als auch für Team-Supervisionsanliegen genutzt. Da Supervision als zentrales Element die Reflexion des eigenen Handelns thematisiert, bietet eine online textbasiert durchgeführte Supervision einen besonderen Vorteil: Die Schriftlichkeit erfordert von Supervisand*innen eine erste Reflexionsleistung, da er möglichst knapp und präzise sein Anliegen formulieren muss. So beschreiben Supervisand*innen ihre Erfahrungen aus der Online-Supervision meistens mit Adjektiven wie »fokussiert«, »komprimiert« und »konzentriert«, wohingegen für die klassische Supervision im Präsenzsetting dann eher Zuschreibungen wie »in die Tiefe«, »ausführlich« und »detailliert« erfolgen.

Je nachdem, ob die Online-Supervision im Einzel- oder Gruppensetting durchgeführt wird, erfolgt in der Regel auch die Wahl des Kommunikationsmediums: Eine Gruppensupervision per Mail zu realisieren, ist oftmals weder technisch möglich noch besonders sinnvoll. Für Team- und Fallsupervisionen online wird also in der Regel auf den Chat zugegriffen oder das Forum genutzt (Engelhardt, 2014b). Einzel-Supervisionen können hingegen auch in einem Mail-Setting stattfinden, vor allem, wenn dem Supervisanden*der Supervisandin eine intensivere Auseinandersetzung mit einer Thematik ermöglicht werden soll, da er*sie mehr Zeit hat, sich mit den Fragen auseinanderzusetzen und seine*ihre Antwort zu verfassen als im Chat.

Die Eigenheiten der jeweiligen Settings haben einen Einfluss darauf, wie sich die Online-Supervision gestaltet und welche Erfahrungen die Supervisand*innen machen. Lambert und Nossairi (2013) haben hierzu folgende Beobachtung gemacht:

> »Die Chatsupervision kommt im Vergleich mit circa einem Viertel der Informationen zu dem Fall aus. Dies liegt daran, dass die FalleinbringerInnen viel schneller zum eigentlichen Thema kommen – die Informationen zu dem Klienten werden sehr komprimiert und fokussiert auf die Fragestel-

> lung eingebracht. Allerdings relativiert sich dieser «Zeitgewinn» umgehend. Die Emotionalität ist durch fühlen-schreiben-lesen verzerrt, weshalb das Herausarbeiten der Gefühlslage durch diesen Filter langwieriger ist als in der Face-to-face-Situation.« (Lambert & Nossairi, 2013, S. 117)

Ähnliche Erfahrungen macht auch Hild (2008) im Rahmen der Online-Supervision bei der *bke-Onlineberatung*. Die hierzu durchgeführte Evaluation der Online-Supervisionen zeigte unter anderem, dass die Sitzungen in diesem Medium im Vergleich zur Face-to-Face-Supervision weniger zeitintensiv waren und dennoch gute Ergebnisse hervorbrachten (Hild, 2008, S. 23). Hild vermutet, dass sowohl die lösungsorientierte Vorgehensweise als auch die Reduktion auf schriftbasierte Kommunikation im Rahmen der Online-Supervision wie auch innerhalb des vorliegenden Beratungsprozesses hierzu beigetragen haben.

### Zum Stand und der Notwendigkeit von Online-Supervision in Deutschland

Auch wenn Online-Supervision inzwischen vermehrt von Onlineberater*innen nachgefragt wird, findet man in den Qualitätsstandards deutscher Onlineberatungsstellen nur vereinzelt explizite Hinweise, dass die Supervision (auch) online erfolgen sollte. Das vom Deutschen Arbeitskreis für Jugend-, Ehe- und Familienberatung (DAKJEF) entwickelte Papier zu *Qualitätsstandards für die psychosoziale und psychologische Beratung im Internet* (2010) enthält den Hinweis, dass neben der Supervision im klassischen Präsenzsetting auch »mediengestützte Formen der Kommunikation« (DAKJEF, 2010, S. 16) im Rahmen der Supervision genutzt werden sollen. Eine flächendeckende Umsetzung dieser Empfehlung scheint noch nicht zu erfolgen, denn Kühne (2012) stellt fest, dass nur die wenigsten der von ihm untersuchten Onlineberatungsstellen in ihrer Konzeption dezidiert auf eine online durchgeführte Supervision als Qualitätsmerkmal hinweisen (Kühne, 2012, S. 59).

Etwas anders sieht es in Großbritannien aus: Die British Association for Counselling & Psychotherapy formuliert in ihren Standards zur Onlineberatung (2015) explizit die Notwendigkeit der Inanspruchnahme von Online-Supervision:

> »It is considered ethically desirable to receive at least some elements of regular supervision by the same method of communication that is used with clients, in order to gain direct experience of the strengths and limitations of the chosen way of working.« (Bond, 2015, S. 12)

Und gerade in dieser Aussage steckt möglicherweise ein wichtiger Indikator für die Notwendigkeit dieses spezifischen Reflexionsformats: In einer Online-Supervision können Onlineberater*innen die Erfahrung machen, wie es sich für Ratsuchende darstellt, ein Anliegen schriftlich zu formulieren. Sie erleben in diesem Setting nun selbst, wie schwierig es sein kann, zu fokussieren, zu artikulieren und das eigene Thema so zu beschreiben, dass es Leser*innen möglichst gut und nah am eigenen Erleben nachvollziehen und verstehen können. Diese zweite Reflexionsebene, die nicht den Inhalt, sondern die Art der Kommunikation in den Mittelpunkt rückt, schafft für Onlineberater*innen eine wichtige Lerninstanz und ermöglicht ihnen, auch den eigenen Umgang mit Ratsuchenden in der Onlineberatung zu überdenken.

»Ich erinnere mich noch an die erste Chat-Supervision. Zunächst war ich ziemlich skeptisch, ob das überhaupt funktionieren kann. Ich war es ja gewohnt, einen Fall in der Supervision einfach durch Erzählen vorzustellen. Nun war ich plötzlich gezwungen, es auf den Punkt zu bringen und mein Anliegen und den Fall nicht allzu ausschweifend vorzustellen. Das hat mich zunächst etwas unter Druck gesetzt. Ich habe aber auch erkannt, dass dies ein Druck ist, den meine Klientinnen manchmal verspüren könnten, wenn sie mir schreiben. Für mich war diese Erfahrung wichtig. Ich achte jetzt in meinen eigenen Beratungen darauf, wann ich die Klientinnen zu mehr Fokussierung auffordere, aber auch, wann ich es einfach mal laufen lasse und meine Klientinnen Raum bekommen, einfach zu schreiben, was sie loswerden möchten.« (Martina, Supervisandin in der Online-Supervision)

Mit der wachsenden Anzahl von Onlineberatungsangeboten und einer weiter fortschreitenden Mediatisierung und Digitalisierung der Sozialen Arbeit und damit auch der Beratung ist davon auszugehen, dass auch der Bedarf an adäquaten Supervisionsangeboten in den nächsten Jahren steigen wird. Eine wichtige Rolle scheint hierbei auch die Frage der Feldkompetenz der Supervisor*innen zu spielen (Reiners, 2009; Lambert & Nossairi, 2013; Höllriegel, 2013; Engelhardt, 2014a; Engelhardt und Reindl, 2016). So stellt Reiners (2009) fest:

> »Supervisandinnen wünschen sich Feldkompetenz des Supervisors z. B. um Unterstützung im Rechtfertigungskampf für die Online-Beratung zu erlan-

gen. […] Es wird Erfahrung mit Online-Kommunikation und der besonderen Beziehungsgestaltung in diesem Bereich sowie den Wirkmechanismen der Online-Beratung gewünscht, zumindest aber, dass die Supervisorin diesen Themen offen gegenübersteht.« (S. 52)

Neben einer inhaltlichen Feldkompetenz sollten Supervisor*innen dementsprechend künftig auch über eine adäquate praktische und methodische Kompetenz verfügen. Sie sollten in der Lage sein, ihr Supervisionsangebot auch in dem Medium durchzuführen, in dem die Fallanliegen ihrer Supervisand*innen entstanden sind (Klampfer, 2005). Es wird deshalb künftig auch darum gehen, dass Supervisor*innen in der Lage sind, eine fachliche Einschätzung darüber zu treffen, in welchem Setting und mit Unterstützung welcher Medien der Supervisionsprozess gestaltet werden soll. Entscheidend bei der Mischung verschiedener Settings und Kommunikationskanäle ist, dass

»die Wahl der Methode und des Mediums sich an den Zielen der Supervision, den Stärken der jeweiligen Medien und dem zu erwartenden Nutzen für die Beteiligten orientieren.« (Höllriegel, 2013, S. 3)

## 9.2 Selbstreflexion der Beratungsfachkraft

Neben einer begleiteten Reflexion der eigenen Beratungsarbeit in Form von Supervision sollten Berater*innen auch durch selbstreflexive Methoden ihr Handeln überprüfen. Eidenbenz (2009) bietet hierzu in der dritten Phase des IQSM (→ Kapitel 5.3.1) einen Fragebogen, der Aspekte der Belastung und Prozessgestaltung aufgreift. Die Auseinandersetzung mit den Fragen schafft laut Eidenbenz (2009) eine »Weiterentwicklung und Qualitätssicherung der eigenen Beratungs- und Prozesskompetenz« (S. 224).

So geht es z. B. um die Auseinandersetzung mit der Frage, ob die Beratungsanfrage eine hohe Anforderung an den*die Berater*in gestellt hat und welche Emotionen und Gedanken mit der Beratung und dem*der Ratsuchenden verbunden werden. Aber auch, ob die Fragestellung von dem*der Berater*in als belastend empfunden wurde und inwieweit mögliche Gegenübertragungsprozesse stattgefunden haben, spielt hier eine Rolle. Bei der Reflexion der verfassten Antwort bzw. des Beratungsprozesses geht es um die Einschätzung, ob die Antwortlänge angemessen war, wie sich der weitere Kontakt mit dem*der Ratsuchenden gestaltet hat und inwieweit der Beratungsfall ggf. auch im Rahmen einer Supervision eingebracht werden könnte bzw. müsste.

Fragebogen Selbstreflexion

## 9.3 Ressourcen- und Personalmanagement

Eine qualitativ gute Onlineberatungsarbeit kann nur dann gelingen, wenn der zuständige Träger des Angebots für entsprechende Rahmenbedingungen sorgt. Hierzu gehören neben einer technischen Ausstattung mit internetfähigen Geräten und einer leistungsstarken Anbindung an das Internet auch eine Anerkennung von Onlineberatungszeit. Gerade in der Anfangsphase der Onlineberatung wurde oftmals davon ausgegangen, die Onlineberatung könne »so nebenbei« erfolgen.

Problematisch ist hierbei nach wie vor, dass für das Angebot der Onlineberatung (noch) keine Regelfinanzierung vorliegt (→ Kapitel 10.1). So kommt es häufig zu der Situation, dass sich einzelne Kolleg*innen bereit erklären, die Onlineberatungstätigkeiten zu übernehmen und dafür einen entsprechenden Anteil ihrer Wochenarbeitszeit einbringen dürfen. Dies kann gut gelingen, Schwierigkeiten tauchen jedoch dann auf, wenn ein Angebot besonders gut nachgefragt wird. Hierin steckt ein Paradoxon, da es eigentlich wünschenswert wäre, dass das Angebot gut angenommen wird, gleichzeitig veranlasst dies die Einrichtungsleitungen aber manchmal sogar dazu, ein Onlineberatungsangebot wieder zu schließen, da die personellen Kapazitäten nicht ausreichen. Es bedarf daher einiges an Steuerung, Geschick und Kreativität, um bei der Einführung eines Onlineberatungsangebots dafür zu sorgen, dass Personalkapazitäten und -zufriedenheit ausgewogen vorhanden sind.

Entscheidet sich eine Einrichtung, ein Onlineangebot zur Verfügung zu stellen, muss sie dafür Sorge tragen, dass die Beratungsfachkräfte unter guten Arbeitsbedingungen tätig sein können. Hierzu zählen u. a.:

- EDV-Ausstattung (Hardware, Internetzugang) und Kapazitäten zur Wartung
- Geeignete Software (→ Kapitel 9.5)
- Arbeitsplatzausstattung mit der Möglichkeit des ungestörten Arbeitens (insbesondere bei Video-Beratungen)
- Zeitkontingent für die Erledigung der Onlineberatungsaufgaben
- Qualifizierung durch Weiterbildungen und ein regelmäßiges Fortbildungsangebot zum Thema Onlineberatung, neuen Entwicklungen etc. (z. B. beim Fachforum Onlineberatung oder trägerinternen Fortbildungsmaßnahmen sowie dem Fortbildungsangebot des Instituts für E-Beratung der TH Nürnberg)
- Regelmäßige (Online-)Supervision

## 9.4 Feedback- und Beschwerdemanagement

Die Dimension des Feedback- und Beschwerdemanagements gehört zum Bereich der Ergebnisqualität in der Onlineberatung (Eichenberg & Kühne, 2014) und dient dazu,

> »die Perspektive der Nutzer/innen einzubeziehen und über direkte und konkrete Rückmeldungen Schwächen und Stärken des Angebots sichtbar zu machen. Ziele des Beschwerdemanagements sind die Verbesserung der Qualität des Angebots, die Steigerung der Zufriedenheit der Ratsuchenden und die Reduzierung von Fehlern. Folgende Punkte sollten berücksichtigt sein:
> a) verschiedene Rückmeldemöglichkeiten für die Ratsuchenden (z. B. in Form eines Feedbackforums),
> b) ein geregelter Umgang mit und Auswertung von Beschwerden bzw. Rückmeldungen,
> c) die Entwicklung von Maßnahmen zur Verbesserung des Angebots.« (Reindl, 2015, S. 61)

Die Hinweise der Nutzer*innen des Onlineberatungsangebots stellen eine besonders wertvolle Quelle für die Sicherung (und Steigerung) der Qualität eines Onlineberatungsangebots dar. Die Einbeziehung der Nutzer*innenperspektive kann durch regelmäßige Befragungen und/oder ein standardisiertes Abfragetool am Ende jedes Beratungsprozesses erfolgen. Aber auch eine Möglichkeit des offenen Feedbacks, wie es z. B. in einem speziell hierfür eingerichteten Forum stattfinden kann, ist eine Möglichkeit, wichtige Rückmeldungen der Ratsuchenden einzufangen. Letztere Variante bietet sich in der Regel aber nur dann an, wenn das Onlineberatungsangebot auch über eine Forenberatung verfügt. Für den Anbieter des Angebots bedeutet dies aber auch, dass mögliche Kritik öffentlich wird und ggf. Berater*innen massiv kritisiert werden, wenn Ratsuchende unzufrieden mit der Beratung waren. Der Umgang mit solchen Beiträgen bedarf einiges an Fingerspitzengefühl, um auf der einen Seite Glaubwürdigkeit und Transparenz zu bewahren und auf der anderen Seite die eigenen Mitarbeiter*innen vor persönlichen Angriffen zu schützen.

## 9.5 Software

Elementar für die Sicherstellung einer guten Qualität des Angebots ist der Einsatz einer entsprechenden Software. Ein*e Onlineberater*in kann noch so gut qualifiziert, supervidiert und fachlich fundiert arbeiten – nutzt er*sie eine technische Lösung, die nicht den Qualitätsstandards guter Onlineberatung entspricht (z. B. ein konventionelles Mailprogramm oder einen Messenger wie WhatsApp), verstößt er*sie gegen elementare Regeln des Datenschutzes (→ Kapitel 10.3) und beachtet zudem nicht, dass eine hohe Bedienungsfreundlichkeit ein wichtiges Kriterium für gute Onlineberatung darstellt.

Risau (2009) beschreibt folgende Kriterien als notwendige Anforderung für eine geeignete Onlineberatungssoftware:

- »Datensicherheit und Klientenschutz,
- benutzerfreundliche Oberfläche für Klientinnen und Berater,
- Möglichkeit der Qualitätssicherung durch integrierte Auswertungs- und Statistiktools mit Klientenverwaltung,
- Möglichkeit individueller und bedarfsgerechter Statistik,
- modulare Struktur zur Weiterentwicklung der Software.« (S. 202)

Gerade die ersten beiden Punkte ihrer Aufzählung weisen auf Aspekte hin, die einem stetigen Wandel unterliegen. So müssen Anbieter*innen von Onlineberatungssoftware dafür Sorge tragen, dass diese den aktuellen Datenschutzrichtlinien entspricht und auf speziell verschlüsselten und gesicherten Servern bereitgestellt wird. Nach wie vor aktuell ist hier die sogenannte SSL-Verschlüsselung (Kurzform für *Secure Sockets Layer*), die einen sicheren Datenübertragungskanal herstellt und dem gleichen Standard wie beispielsweise beim Onlinebanking entspricht. Eine benutzerfreundlich gestaltete Softwarelösung ermöglicht den Nutzer*innen eine möglichst einfache und intuitive Bedienbarkeit sowie einen barrierefreien Zugang.

Neben diesen eher technisch zu realisierenden Punkten geht es aber auch um die Wahl der geeigneten Software für die jeweilige Nutzergruppe, da diese die Anforderungen an die Software stark beeinflussen (Brunner, Engelhardt & Heider, 2009). Die Entscheidung für einen Softwareanbieter unterliegt damit maßgeblich den Bedürfnissen aber auch Fähigkeiten der Ratsuchenden (→ Kapitel 4.1).

Neben der Klient*innenperspektive ist bei der Auswahl eines Softwareangebots die Seite der Berater*innen zu berücksichtigen, da sie in der Regel weitaus mehr Funktionalitäten der Software nutzen (müssen). Und während eine Beratungsstelle mit mehreren, ggf. räumlich verteilten Berater*innen stärker an einem internen Nachrichtentool zur Teamkommunikation interessiert sein wird, wird dies für die selbständig tätige Supervisonsfachkraft in Einzelpraxis kaum von Interesse sein.

Es kann grundsätzlich keine Empfehlung für die eine oder andere Softwarelösung gegeben werden, da viele individuelle Einzelfaktoren bei der Auswahl berücksichtigt werden müssen. Sinnvoll ist es daher, sich von unterschiedlichen Anbietern Angebote einzuholen und Demo-Versionen auszuprobieren, um abzuwägen, was wichtiger erscheint und was nicht. Denn eine selbst programmierte Software, die als »eierlegende Wollmilchsau« allen Anforderungen und Erwartungen der Berater*innen entspricht, ist in der Regel nicht bezahlbar. Der folgende Fragenkatalog (→ Tabelle 15) gibt ein paar Anhaltspunkte bei der Auswahl einer Onlineberatungssoftware.

Fragenkatalog Software-Auswahl

**Tabelle 15:** Fragenkatalog zur Auswahl einer Onlineberatungssoftware

| **Auswahl des Softwareanbieters** | |
|---|---|
| Handelt es sich um einen Anbieter mit Erfahrung in der Programmierung von Onlineberatungssoftware? | Wie lange existiert der Anbieter bereits auf dem Markt?<br>Gibt es Kundenreferenzen? |
| Wie transparent sind die anfallenden Kosten? | Kauf- oder Mietvariante?<br>Einmalkosten, monatliche Kosten etc.? |
| Welche Angaben werden zur Datensicherheit/Verschlüsselung gemacht? | Hinweise zur Speicherung und Sicherung von Daten (IP-Adressen)?<br>SSL-Verschlüsselung?<br>Server-Sicherheit? |
| Wie laufen Kundenservice und -support? | Ist der Anbieter rund um die Uhr erreichbar? Gibt es Notfallnummern? Was kostet der Service ggf.? |
| **Auswahl der einzelnen Tools (Mail, Chat, Forum, Video, Messenger; Klient*innenverwaltung; interne Kommunikation)** | |
| Welche Zugangswege sind für die Klientel geeignet? | Mögliche kognitive oder sprachliche Barrieren bei der Auswahl der Kommunikationsmedien beachten! |
| Welche Möglichkeiten der Klient*innenverwaltung liegen vor? | Welche Form der Klient*innenverwaltung wird gebraucht (z. B. Verknüpfung mit Face-to-Face-Beratung)? Wie soll dokumentiert werden? |
| Gibt es ein internes Nachrichtensystem zur Kommunikation der Berater*innen untereinander? | Wichtig bei Teamarbeit, damit der Austausch über die Beratungen nicht über einen ungeschützten Weg, z. B. per Mail erfolgen muss. |
| Zu-/Abschaltung von Tools | Ist es möglich, bei Bedarf einzelne Tools zu- oder abzuschalten bzw. nachzukaufen? |

### 9.5.1 Auswahl der Medien für die Onlineberatung

Neben der Auswahl des Anbieters steht die Frage im Raum, welche Medien im Rahmen des eigenen Angebots zum Einsatz kommen sollen. Hierbei müssen unterschiedliche Faktoren berücksichtigt werden, die zum einen die Ressourcen und den Arbeitskontext der Einrichtung betreffen, zum anderen aber vor allem die Nutzer*innen-Präferenzen berücksichtigen.

So ist Forenberatung beispielsweise relativ aufwendig und bedarf einer stärkeren und zeitnahen Präsenz der Beratungskräfte. Und Mailberatung spricht ggf. die avisierte Zielgruppe gar nicht an. Der folgende Fragenkatalog (→ Tabelle 16) ermöglicht eine kritische Auseinandersetzung bei der Entscheidungsfindung.

Fragenkatalog Medien-Auswahl

**Tabelle 16:** Fragenkatalog Medienwahl für die Onlineberatung

| Reflexionsfrage | Ihre Antworten |
|---|---|
| Welche Medien kann ich mir vorstellen, in meinem Beratungskontext einzusetzen? Warum? | |
| Was weiß (oder vermute) ich über die Nutzungspräferenzen meiner Zielgruppe? | |
| Welche Medien möchte ich nicht einsetzen? Warum? | |
| Welche Auswirkungen hat das ggf. für meine Zielgruppe(n) und wie gehe ich damit um? | |
| Welche neueren Entwicklungen könnten für mich als Berater*in interessant sein? Warum? | |
| Welchen Entwicklungen stehe ich eher skeptisch gegenüber? Warum? | |

## 9.5.2 Gestaltung der Webseite

In der Regel wird die Onlineberatungssoftware in die Webseite der Einrichtung eingebunden. Die Ratsuchenden finden also einen Button auf der Webseite, auf den sie klicken können und gelangen so auf die sichere Onlineberatungsplattform. Die Gestaltung der eigenen Webseite ist insofern wichtig, als sie als das Eingangstor in die Onlineberatung verstanden werden kann. Eine gute und prominente Platzierung der Onlineberatung ist wichtig, um sicherzustellen, dass sie von den Ratsuchenden überhaupt gefunden wird. Hier gilt: Je weniger Klicks zum Ziel führen, desto besser!

Dzeyk (2007) führt einige Faktoren auf, die für die Glaubwürdigkeit und damit für das Vertrauen in ein Internetangebot stehen. Wesentlich sei hierbei ein hohes Qualifikationslevel der Beratenden, ausführliche Informationen zur Datensicherheit und dem Datenschutz sowie die Vollständigkeit der Kontaktinformationen des Anbieters. Werden diese Kriterien beachtet, wird das Angebot als vertrauenswürdig eingeordnet und von den Nutzer*innen genutzt (Risau, 2009). Eine persönliche Vorstellung der Berater*innen kann erfolgen, ist aber nicht als Kriterium für die Vertrauenswürdigkeit ausschlaggebend (Wenzel, 2006). Dies bestätigt sich auch aus der Erfahrung der meisten trägergeleiteten Onlineberatungsstellen, die ohne Foto und detaillierte persönliche Angaben über die Berater*innen auskommen. Von einem*einer in eigener Praxis tätigen Berater*in, Supervisor*in, Therapeut*in oder Coach wird die persönliche Präsentation mit Bild und Angaben zur Person hingegen erwartet, da diese*r über keinen Qualitätsnachweis durch die Zugehörigkeit zu einem anerkannten Träger verfügt. Die Vergabe von entsprechenden Qualitätssiegeln für Selbständige etc. erfolgt derzeit noch in keinem ausreichend nachvollziehbaren Maß (→ Kapitel 1.3).

Lesetipp zum Thema »Bekanntmachen des eigenen Angebots«: Justen-Horsten & Paschen (2016): *Online-Interventionen in Therapie und Beratung. Ein Praxisleitfaden.*

## Auf einen Blick

Qualitätssicherung spielt in der Sozialen Arbeit eine wichtige Rolle. Bei der Onlineberatung kommen unterschiedliche Aspekte zum Tragen: Zum einen die Beratungsqualität, die durch eine spezifische Qualifizierung für die Onlineberatung und eine settingbezogene Selbstreflexion der Beratenden gewährleistet werden kann. Zum anderen die technischen Rahmenbedingungen in Form einer geeigneten und datensicheren Software sowie dem Einsatz von zielgruppenorientierten Medien. Es muss zudem sichergestellt sein, dass Arbeitsressourcen und -prozesse so gesteuert werden, dass der besondere Nutzen von Onlineberatung (Stichwort Erreichbarkeit) zum Tragen kommt. Nur durch das Zusammenspiel von Mensch und Technik kann sichergestellt werden, dass Onlineberatung qualitativ hochwertig stattfinden kann.

# 10 Organisatorische und rechtliche Aspekte von Onlineberatung

Neben allen fachlichen und methodischen Fragestellungen bedarf die Bereitstellung eines Onlineberatungsangebotes einiger organisatorischer Aspekte. Die Software für eine Onlineberatungsstelle kostet je nach Größe und Umfang einige Hundert bis mehrere Tausend Euro jährlich. Je nachdem, ob das Angebot von einem großen Träger, einem kleineren Verein oder einem*einer in eigener Praxis tätigen Berater*in angeboten wird, müssen unterschiedliche Finanzierungsmöglichkeiten erwogen werden. Während die größeren Träger in der Regel über Eigenmittel ein Angebot betreiben können, wird eine lokale Einrichtung in Trägerschaft eines Vereins z. B. über Spendenaktionen oder Patenschaften eine Finanzierung umsetzen können. Selbständige Berater*innen hingegen finanzieren sich über das Bereitstellen einer kostenpflichtigen Leistung, für die die Ratsuchenden selbst zahlen müssen.

Ebenso spielen rechtliche Aspekte eine wichtige Rolle. Beratung, insbesondere psychosoziale Beratung, stellt einen hochsensiblen Bereich dar, in dem der Schutz von Persönlichkeitsrechten und personenbezogenen Daten besonders wichtig ist.

Im Folgenden werden die aktuelle Finanzierungsproblematik und mögliche Lösungsansätze für nicht kommerzielle Anbieter sowie Abrechnungsmodelle für Selbständige vorgestellt. Außerdem werden wichtige datenschutzrechtliche Aspekte aufgezeigt.

## 10.1 Finanzierungsmöglichkeiten für Träger und Einrichtungen

In der Regel müssen die aus der Bereitstellung eines Onlineberatungsangebots entstehenden Kosten aus anderen Bereichen querfinanziert werden oder über Spenden, Stiftungsgelder oder ähnliches eingeworben werden. Eine Regelfinanzierung für Onlineberatung liegt (noch) nicht vor.

Für die Träger von Onlineberatungsangeboten bedeutet dies häufig eine Zusatzbelastung für ein dringend benötigtes Angebot. Eine Anschubfinanzierung über beantragte Projektmittel (z. B. Deutsche Fernsehlotterie: https://www.fernsehlotterie.de/content/uploads/2016/06/Foerderkriterien_3_1_1_Online-Beratungsprojekte.pdf (aufgerufen 28.03.2018) ist relativ unkompliziert realisierbar – schwierig wird es dann nach Ablauf der Projektlaufzeit, wenn das Angebot in den Regelbetrieb überführt werden soll. Nicht selten sterben erfolgreiche Onlineberatungsangebote dann aufgrund einer unlösbaren finanziellen Situation.

Insofern ist eine langfristige finanzielle Planung des Angebots wesentlich, um sicherzustellen, dass das Angebot auch über eine Anschubfinanzierung hinaus existieren kann. Berücksichtigt werden müssen hierbei nicht nur die Kosten, die die Software verursacht und die sich in der Regel im laufenden Betrieb im Rahmen halten. Vielmehr geht es um die Abrechnung von Onlineberatungszeit, Fort- und Weiterbildungsmaßnahmen der Berater*innen und Maßnahmen zur Öffentlichkeitsarbeit sowie stetigen Aktualisierung des Angebots.

Da Onlineberatung zwar oft regional organisiert angeboten wird, aber überregional erreichbar und zugänglich ist, muss unter anderem die Frage geklärt werden, wie mit der Beratung von Klient*innen umgegangen werden kann, die nicht in die regionale Zuständigkeit der Einrichtung fallen. Und nicht immer ist dies für die Berater*innen klar erkennbar. Die Eingabe der Postleitzahl zur Zuordnung des Ratsuchenden kann problemlos umgangen werden.

Und letztlich steht so auch die Frage im Raum, ob im Zeitalter der Digitalisierung von Beratungsdienstleistungen die aktuelle Finanzierungsstruktur (gebunden an Gebietskörperschaften) noch zeitgemäß und langfristig tragfähig ist.

## 10.2 Finanzierungsmöglichkeiten für freiberuflich oder selbständig tätige Onlineberater*innen

Für Onlineberater*innen, die in eigener Praxis tätig sind, geht es nicht nur um die Deckung der laufenden Kosten ihrer Onlineberatung – sie wollen damit Geld verdienen und suchen nach einer Kundschaft, die bereit ist, für die Leistungen der Berater*innen zu zahlen.

Kostenmodelle Freiberufler

Je nach Art des Angebots lassen sich unterschiedliche Kostenmodelle entwickeln:

- Abrechnung erfolgt nach Zeiteinheiten (z. B. 90 Minuten Chatberatung für 120 €)
- Abrechnung nach Anzahl der Wörter/Seiten (z. B. E-Mail mit 700 Wörtern (ca. 1,5 Seiten) für 60 €)
- Abrechnung nach einem Paket-Modell (z. B. 5 Mails für 350 €)
- Abrechnung nach einem Flatrate-Modell (z. B. 4 Wochen mit beliebig vielen Mailkontakten und einer Reaktionszeit von maximal 48 Stunden für 500 €)

Die hier genannten Beträge sind als Beispiele zu verstehen und werden je nach Branche, Angebot und Kundschaft unterschiedlich hoch ausfallen. Wichtig für Selbständige ist jedoch immer eine Minimierung des Ausfallrisikos, sodass das Treffen von verbindlichen Vereinbarungen (Beratungskontrakt/vertrag) besonders wichtig ist. Die Möglichkeit eines anonymen Beratungskontaktes bringt hierbei ggf. größere organisatorische Hürden mit sich (z. B. Zahlung per Vorkasse über Paypal o. ä.) als die Rechnungsstellung an einen nicht anonymen Kunden im Anschluss an die erfolgte Leistung.

## 10.3 Rechtliche Aspekte[3]

Da Onlineberatung auf die Infrastruktur des Internets angewiesen ist, bekommen Themen wie Datenschutz und Datensicherheit besondere Brisanz. Der sensible Umgang mit Daten ist hier noch einmal weitaus bedeutsamer, als er ohnehin für psychosoziale Beratung gilt, da die Möglichkeiten der Verbreitung sowie die Angriffe von außen ungleich größer sind. Grundsätzlich gilt, dass sich jede*r, der*die im Kontext von (psychosozialer) Beratung tätig ist, kundig machen muss, welche gesetzlichen Bestimmungen auf ihn*sie zutreffen und welche Maßnahmen zur Erfüllung und Einhaltung dieser eingeführt werden müssen.

Hinzu kommt, dass Angehörige bestimmter Berufsgruppen – und zu diesen gehören in der Regel Onlineberater*innen – an die Schweigepflicht (§ 203 StGB) gebunden sind und diese nur in bestimmten gesetzlich definierten Situationen straffrei durchbrechen dürfen und müssen. Welche Berufs-

3 Aufgrund der sich verändernden Rechtsprechung liegt es in der Verantwortung der Einrichtungsleitungen und der einzelnen Beratungskraft, sich durch entsprechende Fortbildungsmaßnahmen auf den aktuellen Stand zu bringen und sich im Zweifel juristisch beraten zu lassen.

gruppen zum § 203 StGB »Verletzung von Privatgeheimnissen« gehören, ist im Gesetzestext aufgeführt, der hier einsehbar ist: https://www.gesetze-im-internet.de/stgb/__203.html (aufgerufen 21.04.2018)

Mit dem Inkrafttreten der EU-Datenschutz-Grundverordnung (DSGVO) am 25. Mai 2018 wurde das Datenschutzrecht innerhalb Europas vereinheitlicht. So gelten nun europaweit einheitliche Standards, die die Nutzer*innen stärker in den Mittelpunkt rücken und ihnen mehr Rechte verleihen (wie z. B. das Recht auf einen leichteren Zugang auf die eigenen Daten oder auf die Löschung dieser). Mit der Einführung dieses Gesetzes wurden Personen und Institutionen, die mit Daten Dritter umgehen (müssen), dazu gezwungen, das bisherige Datenschutzkonzept zu prüfen und entsprechend anzupassen. Der ausführliche Gesetzestext der DSGVO ist einsehbar unter: https://dsgvo-gesetz.de/(aufgerufen 03.04.2018).

Im Zuge des Inkrafttretens der DSGVO wurde auch das bisherige Bundesdatenschutzgesetz (BDSG) https://dsgvo-gesetz.de/bdsg-neu/(aufgerufen 21.04.2018) in Deutschland überarbeitet und inhaltlich an die DSGVO angepasst.

Wichtig ist, dass Onlineberatungsstellen ihren Nutzer*innen möglichst einfach und transparent vermitteln, welche Maßnahmen zum Datenschutz getroffen wurden und auf welcher gesetzlichen Grundlage diese basieren. Hilfreich sind hierbei konkrete Beispiele, die die Rechte der Nutzer*innen beschreiben und ihnen Orientierung bieten.

### 10.3.1 Datensicherheit und Datenschutz

Beide Begriffe werden im alltäglichen Sprachgebrauch oftmals vermischt oder synonym verwendet. Inhaltlich beschreiben sie jedoch unterschiedliche Dinge, sodass zunächst eine begriffliche Abgrenzung erfolgen muss.

Die Datensicherheit ist ein grundlegender Aspekt des Datenschutzes, wird jedoch nicht gesetzlich definiert, sondern beschreibt technische und organisatorische Maßnahmen, die die Sicherung von Daten – ob personenbezogen oder nicht – betreffen. Hierbei geht es also weniger um gesetzliche Bestimmungen und rechtliche Vorgaben, sondern vielmehr um das Interesse, Daten vor Angriffen Dritter durch entsprechende Maßnahmen (z. B. das Einrichten einer Firewall) zu sichern.

Das BDSG (neu) und die DSGVO stellen den Schutz personenbezogener Daten sicher. Was genau sind nun aber personenbezogene Daten und wie muss mit diesen umgegangen werden? Laut § 46 BDSG (neu) sind

> »1. ›personenbezogene Daten‹ alle Informationen, die sich auf eine identifizierte oder identifizierbare natürliche Person (betroffene Person) beziehen; als identifizierbar wird eine natürliche Person angesehen, die direkt oder indirekt, insbesondere mittels Zuordnung zu einer Kennung wie einem Namen, zu einer Kennnummer, zu Standortdaten, zu einer Online-Kennung oder zu einem oder mehreren besonderen Merkmalen, die Ausdruck der physischen, physiologischen, genetischen, psychischen, wirtschaftlichen, kulturellen oder sozialen Identität dieser Person sind, identifiziert werden kann«.

Alle Daten, die also einen eindeutigen Rückschluss auf eine Person ermöglichen, gehören zu den personenbezogenen Daten und dürfen nur in bestimmten Fällen verarbeitet werden, die im Art. 6 DSGVO »Rechtmäßigkeit der Verarbeitung« geregelt sind.

In der Auseinandersetzung mit dem eigenen Datenschutzkonzept – welches im Übrigen nicht nur für die Onlineberatung, sondern ganz generell wichtig ist – sind die im Artikel 5 DSGVO genannten Prinzipien hilfreich:

- Rechtmäßigkeit, Verarbeitung nach Treu und Glauben, Transparenz
- Zweckbindung
- Datenminimierung
- Richtigkeit
- Speicherbegrenzung
- Integrität und Vertraulichkeit
- Rechenschaftspflicht

Insbesondere die Dauer der Speicherung personenbezogener Daten beschäftigt Onlineberater*innen, da Beratungen über längere Zeiträume auch mit längeren Pausen verbunden sein können. Ratsuchende melden sich manchmal erst nach Wochen oder gar Monaten wieder und knüpfen an den bisherigen Beratungsprozess an. Wichtig ist daher, dass eine fachliche Begründung für die Dauer der Speicherung der Daten vorliegt, sodass transparent nachvollziehbar wird, aus welchem Grund Daten wie lange gespeichert werden.

Bei der Erstellung des eigenen Datenschutzkonzeptes ist in größeren Einrichtungen ein*e Datenschutzbeauftragte*r behilflich und kann entsprechend fachlich beraten. Für Vereine und kleinere Unternehmen hat das Bayrische Landesamt für Datenschutzaufsicht einige Handreichungen entwickelt, die online abrufbar sind https://www.lda.bayern.de/de/kleine-unternehmen.html (aufgerufen 21.04.2018).

Im Zweifel ist es ratsam, sich juristisch beraten zu lassen beziehungsweise das eigene Datenschutzkonzept juristisch prüfen zu lassen.

Eine weitere wichtige Rolle spielt die Sicherheit bei der Verarbeitung von Daten (Art. 32 DSGVO). Hier kommen nun technische Aspekte ins Spiel, die laut Gesetzestext folgendes umfassen:

> »(1) Unter Berücksichtigung des Stands der Technik, der Implementierungskosten und der Art, des Umfangs, der Umstände und der Zwecke der Verarbeitung sowie der unterschiedlichen Eintrittswahrscheinlichkeit und Schwere des Risikos für die Rechte und Freiheiten natürlicher Personen treffen der Verantwortliche und der Auftragsverarbeiter geeignete technische und organisatorische Maßnahmen, um ein dem Risiko angemessenes Schutzniveau zu gewährleisten; diese Maßnahmen schließen unter anderem Folgendes ein:
> a) die Pseudonymisierung und Verschlüsselung personenbezogener Daten;
> b) die Fähigkeit, die Vertraulichkeit, Integrität, Verfügbarkeit und Belastbarkeit der Systeme und Dienste im Zusammenhang mit der Verarbeitung auf Dauer sicherzustellen;
> c) die Fähigkeit, die Verfügbarkeit der personenbezogenen Daten und den Zugang zu ihnen bei einem physischen oder technischen Zwischenfall rasch wiederherzustellen;
> d) ein Verfahren zur regelmäßigen Überprüfung, Bewertung und Evaluierung der Wirksamkeit der technischen und organisatorischen Maßnahmen zur Gewährleistung der Sicherheit der Verarbeitung. [...]
> (4) Der Verantwortliche und der Auftragsverarbeiter unternehmen Schritte, um sicherzustellen, dass ihnen unterstellte natürliche Personen, die Zugang zu personenbezogenen Daten haben, diese nur auf Anweisung des Verantwortlichen verarbeiten, es sei denn, sie sind nach dem Recht der Union oder der Mitgliedstaaten zur Verarbeitung verpflichtet.«

Aus dieser Auflistung an Maßnahmen wird deutlich, dass nicht die Technik allein, sondern der Mensch im Hinblick auf Datenschutz und -sicherheit ein Risiko darstellt. Unkenntnis und Unbedarftheit von Mitarbeiter*innen führt zu größeren Sicherheitsrisiken, die durch entsprechende Schulungsmaßnahmen verringert werden können. So müssen Onlineberater*innen eine ganz besondere Sensibilität für Sicherheitsmaßnahmen besitzen, die sie relativ einfach selbst umsetzen können. Hierzu gehören:

- Die Nutzung eines sicheren Passworts beim Login auf dem Rechner und der Onlineberatungssoftware. Hierzu sollten unterschiedliche Passwörter verwendet werden, die den Empfehlungen für sichere Passwörter entsprechen. https://www.bsi-fuer-buerger.de/BSIFB/DE/Empfehlungen/Passwoerter/passwoerter_node.html (aufgerufen 28.03.2018)
- Schutz des Rechners durch entsprechende Virenprogramme und Updates
- Sperren des Rechners, wenn das Büro verlassen wird oder der Rechner nicht genutzt wird
- Schutz des Rechners vor Diebstahl (z. B. durch Wegschließen)

Weitere hilfreiche Hinweise und Tipps gibt es zum Beispiel unter https://www.lda.bayern.de/de/datenschutz_eu.html (aufgerufen 21.04.2018). Schulungen zum Thema Datenschutz bieten beispielweise der TÜV NORD an https://www.tuev-nord.de/weiterbildung/Datenschutz/(aufgerufen 21.04.2018)

## 10.3.2 Anbieterkennzeichnung

Jede Webseite, die nicht zu rein privaten Zwecken genutzt wird, muss laut Telemediengesetz § 5 (Allgemeine Informationspflichten) über ein Impressum verfügen. Dieses muss folgende Punkte umfassen:
- Name, Vorname (ausgeschrieben!)
- ladungsfähige Postanschrift (kein Postfach)
- Kontaktinformationen (mind. E-Mail + eine weitere Kontaktvariante, z. B. Tel.)

Weitere Informationen zum Thema: BMJ-Leitfaden zur Impressumspflicht unter http://www.bmj.de/musterimpressum (aufgerufen 03.04.2018).

Neben den rechtlich vorgegebenen Aspekten sorgt eine Anbieterkennzeichnung für eine Transparenz des Angebots gegenüber den Ratsuchenden und steigert so deren Vertrauen in das Angebot (→ Kapitel 9.4).

## Auf einen Blick

Was bedeutet dies nun für die Onlineberatung? Anbieter eines Onlineberatungsangebots sollten sich genau überlegen, welche Daten sie erheben und inwiefern die Erhebung und Speicherung personenbezogener Daten (→ Kapitel 11.1) für den Beratungsvorgang überhaupt notwendig sind. Denn je weniger Daten erhoben und gespeichert (also verarbeitet) werden, desto weniger Fragen und ggf. Schwierigkeiten ergeben sich hinsichtlich des Datenschutzes. Neben einer klaren und verständlichen Beschreibung des Datenschutzkonzeptes gegenüber den Nutzer*innen des Angebots müssen die verantwortlichen Betreiber eines Onlineberatungsangebots dafür Sorge tragen, dass ihre Mitarbeiter*innen im Hinblick auf die Themen Datenschutz und Datensicherheit sowie der Schweigepflicht und der möglichen Durchbrechung dieser sensibilisiert und ausreichend geschult sind. Das Spannungsfeld Mensch-Technik-Gesetz wird also in den nächsten Jahren die Onlineberatung organisatorisch weiter bestimmen.

# 11 Ausblick – what's next!?

Kaum ein Arbeitsbereich der Sozialen Arbeit hat sich in den letzten 20 Jahren aus technologischer Sicht so dynamisch entwickelt und verändert wie die Onlineberatung. Gleichzeitig unterliegt die gesamte Soziale Arbeit einem massiven Transformationsprozess, der durch die Digitalisierung und Mediatisierung unserer Alltagswelt angetrieben wird.

So wird sich auch die Onlineberatung in den nächsten Jahren weiter wandeln. Neue Technologien und Medien, gesetzliche Vorgaben und Finanzierungsthematiken, vor allem aber die Kommunikationsgewohnheiten und sich daraus ergebende Bedürfnisse und Erwartungen an die Beratungslandschaft werden Fachkräfte und verantwortliche Träger vor immer neue Aufgaben und Herausforderungen stellen.

Dieses abschließende Kapitel stellt ein paar Zukunftsszenarien und -themen vor, die in den nächsten Jahren eine Rolle spielen *könnten*. Denn auch wenn manches bereits vorstellbar und technisch möglich ist, wird es vor allem darauf ankommen, wie sich die Praktiker*innen zu den Entwicklungen verhalten und diese aktiv mitgestalten.

## 11.1 Onlineberatung als Zukunft der Beratung?

Kritiker der Onlineberatung warnen davor, dass die Onlineberatung den Menschen nicht ersetzen kann. Damit haben sie vollkommen Recht, denn eine Online*beratung* wird ohne Menschen nicht möglich sein. Zumindest nicht solange unter professioneller Beratung weiterhin eine Begegnung von einer ratsuchenden Person mit einer Fachkraft verstanden wird.

Insofern geht es zunächst weniger um die Frage, ob die Technik den Menschen ersetzt, sondern vielmehr darum, welchen Stellenwert eine digital-medial unterstützte Form der Beratung künftig im Portfolio der Beratungsstellen einnehmen wird. Inzwischen wird das Thema »Digitalisierung von

Beratungsdienstleistungen« in Arbeitsgruppen und Initiativen angeregt diskutiert. Im Herbst 2017 haben das Bundesministerium für Familie, Senioren, Frauen und Jugend (BMFSFJ) und die Bundesarbeitsgemeinschaft der Freien Wohlfahrtspflege (BAGFW) in einer gemeinsamen Absichtserklärung die verstärkte Zusammenarbeit im Hinblick auf die digitale Transformation des Sozialen Sektors vereinbart. Hierbei wurden sechs Handlungsfelder definiert, zu denen auch Beratung und Therapie gehören.

> »Ziel ist es, die erfolgreichen Angebote der online-Beratung auszubauen und konzeptionell weiterzuentwickeln. Grund sind die hohe Nachfrage und die sich verändernden Anforderungen an digitale Beratungsformate. Ihre strukturelle Vernetzung erfordert neue Formen der Zusammenarbeit unter Einbindung von Peer-to-Peer-Beratung. Hierzu gehört auch die Entwicklung neuer, digital basierter und begleiteter Betreuungs- und Begleitungskonzepte.« (Bundesarbeitsgemeinschaft der Freien Wohlfahrtspflege, 2017, S. 4)

Neben den hier bereits genannten Punkten wird vor allem die Qualifizierung von Fachkräften eine wichtige Rolle spielen. Denn auch wenn die technischen Entwicklungen rasant voranschreiten, herrscht noch ein großes Defizit hinsichtlich der Bereitschaft, sich hierfür entsprechend ausbilden zu lassen (Lang, 2015). Nach Weinhardt (2013) wird sich die bislang vollzogene Trennung von kopräsenter und medial-vermittelter Beratung künftig zu einer hybridisierten Form hin entwickeln. Nicht zuletzt, da die künftigen Generationen von Berater*innen aber auch von Ratsuchenden ganz selbstverständlich unterschiedliche Kommunikationsformen nutzen werden. Denn sie wurden so sozialisiert und »those who knew what life was like before the Internet [...] will disappear« (Suler, 2016, S. 426).

Für die Gestaltung und Organisation von Beratungsprozessen werden zukünftig Blended Counseling-Konzepte vermutlich eine größere Rolle spielen (Engelhardt & Reindl, 2016). Weinhardt (2013) zieht hier den Vergleich zur Entwicklung von Blended Learning und stellt fest:

> »Eine solche konzeptionell gestützte Hartnäckigkeit, gepaart mit sachlich fundiertem Entwicklungswillen, wird möglicherweise auch in der Blended-Counseling Debatte benötigt, um einseitig affirmative oder kritische Entwicklungen hinsichtlich der Hybridisierung von Beratungskommunikation zu dämpfen.« (S. 10)

## 11.2 Ersetzt der Computer die Fachkraft?

Die größte Sorge technikkritischer Berater*innen besteht darin, dass sie eines Tages von einer Maschine ersetzt werden könnten. Diese Sorge ist insofern berechtigt, als dass sich durch die Digitalisierung in den nächsten 25 Jahren die Arbeitswelt signifikant verändern wird, neue Berufe entstehen und sich bisherige Tätigkeiten teils stark verändern werden. Indes hat eine Studie des Instituts für Arbeitsmarkt- und Bildungsforschung (Dengler & Matthes, 2015) ergeben, dass für soziale Berufe ein sehr geringes Substituierbarkeitspotenzial (5,3 %) vorliegt. Im Gegensatz dazu können bei Berufen im Produktions- und Fertigungsbereich durch den Einsatz von Computern teilweise mehr als 70 % der Tätigkeiten ersetzt werden. Es ist also grundsätzlich davon auszugehen, dass der Großteil der Tätigkeiten im sozialen Bereich weiterhin von Menschen ausgeführt wird. Gleichzeitig bedeutet dies aber nicht, dass digitale Medien keine besondere Rolle spielen. Im Gegenteil, es wird künftig jedoch darauf ankommen, dass Fachkräfte in sozialen Berufen in der Lage sind, digitale Medien für die Erbringung ihrer Tätigkeiten zweckmäßig und gezielt einzusetzen. Der Mensch wird also nicht ersetzt, muss aber über neue und andere Kompetenzen verfügen als bisher.

> »Vor diesem Hintergrund wird eine der größten Herausforderungen sein, das Wissen und Können auf dem aktuellen technologischen Stand zu halten. Deswegen kommt gerade der (Weiter-)Bildung zukünftig eine ganz besondere Bedeutung zu.« (Dengler & Matthes, 2015, S. 22)

Insofern wird es in den nächsten Jahren dringend notwendig sein, Fachkräfte für den Umgang mit digitalen Medien in der Beratung zu qualifizieren. Berater*innen werden künftig zum einen in der Lage sein müssen, mit Unterstützung digitaler Medien Beratungsprozesse zu gestalten. Sie werden zum anderen aber auch mit neuen Themen in der Beratung konfrontiert werden, die sich aus den medialen Handlungspraktiken ihrer Adressat*innen ergeben werden (Helbig, 2017). Familiäre Konflikte wegen exzessiver Smartphone-Nutzung oder berufliche Überlastungsreaktionen aufgrund ständiger Erreichbarkeit zählen bereits jetzt häufig zu Beratungsanlässen von Klient*innen.

Lesetipp zum Thema »Auswirkungen der Digitalisierung auf die Familienberatung«: Joachim Wenzel (2018) *Familien im Medienzeitalter.*

Für Berater*innen (und dazu zählen neben den Fachkräften in den klassischen Beratungsstellen, der Schulsozialarbeit oder den Ambulanten Diensten etc. auch Coaches und Supervisor*innen) wird es in Zukunft also darum gehen, den technischen Wandel und dessen Auswirkungen – im Positiven, wie im Negativen – im Blick zu behalten, sich zu qualifizieren und mit anderen Fachkräften zu vernetzen. Es müssen neue Kommunikations- und Kooperationsfähigkeiten erlernt und methodische Konzepte weiterentwickelt werden.

## 11.3 Von Chatbots, Apps und Virtual Reality

Gerade im Bereich psychotherapeutischer Interventionen haben sich in den letzten Jahren einige beeindruckende Entwicklungen vollzogen. Der Einsatz von Apps (Anwendungssoftware auf mobilen Geräten) und automatisierten Systemen findet hier bereits in vielzähligen Projekten mit großem Erfolg statt. Zahlreiche Studien konnten inzwischen zeigen, dass strukturierte standardisierte psychologische Interventionen beispielsweise bei der Reduktion von depressiven Symptomen durchaus wirksam sind (Baumeister, Lin & Ebert, 2017). Programme wie *deprexis* https://www.deprexis24.de oder *get.on* https://www.geton-training.de/ helfen Betroffenen bei Depressionen und Erschöpfung, Schlafproblemen, Stressbewältigung uvm. Deutlich wird in den Studien jedoch auch, dass der größte Erfolg dann erreicht wird, wenn die Programme von Therapeut*innen unterstützt werden. Reine Selbsthilfeprogramme zeigten hingegen eine weniger starke Wirkung (Berger, 2015). Auch hier zeigt sich also, dass der Mensch, in diesem Fall die Therapeut*innen, eine wichtige Rolle beim Grad der Wirksamkeit der Online-Intervention spielt.

Ebenso wird der Einsatz von Virtual Reality (eine in Echtzeit computergenerierte, interaktive virtuellen Umgebung) in der Therapie künftig vermutlich stärker stattfinden. Durch technologische Verbesserungen, wie der Reduktion von Größe und Gewicht von VR-Brillen, sowie besserer/realistischer grafischer Darstellungen wird eine Therapie mit Hilfe dieser Geräte leichter erfolgen können. Die Deutsche Gesellschaft für Psychiatrie und Psychotherapie, Psychosomatik und Nervenheilkunde empfiehlt bereits jetzt in ihren Leitlinien den Einsatz einer Virtuellen-Realität-Expositionstherapie bei spezifischen Phobien (Bandelow et al., 2014).

Der erste Chatbot (→ Kapitel 1.1) mit psychotherapeutischen Elementen (ELIZA) wurde bereits 1966 von Joseph Weizenbaum entwickelt. Über 50 Jahre später streiten Entwickler*innen noch immer über die Frage, wieviel künstliche Intelligenz ein Chatbot benötigt und an welcher Stelle der Mensch wieder zum Einsatz kommt. Denkbar ist jedoch, dass ein Chatbot als eine Art Clearing-Instrument bei Beratungsanfragen zum Einsatz kommt und einen ersten Teil der Auftragsklärung übernimmt. Inwiefern dies sinnvoll und notwendig ist, muss je nach Einsatzbereich individuell geklärt werden. Ein Chatbot könnte aber beispielsweise als eine erste Kontaktmöglichkeit bei Wartezeiten eine gute Unterstützung darstellen.

Viel grundsätzlicher als um die Frage, was technisch alles möglich ist, wird es darum gehen, zu entscheiden, was gewünscht und ethisch vertretbar ist. Ist es vorstellbar, dass Ratsuchende mit einem Computer über ihre Probleme sprechen? Können Hilfesuchende mit Hilfe von automatisierten Selbsttests eine Erstdiagnostik vornehmen? Diese und weitere Fragen werden in den nächsten Jahren zunehmend diskutiert werden müssen. Denn die technischen Innovationen werden nicht auf sich warten lassen und bereits jetzt wächst der Markt kommerzieller Dienstleister, die mit Hilfe von Apps und Selbsthilfeprogrammen schnelle Hilfe suggerieren, rasant an.

## 11.4 Schreiben versus Sprechen – die Sprache als Interface

Alexa, Siri und Co. deuten auf eine wichtige Entwicklung hin, die auch für die Onlineberatung eine Rolle spielen wird: Die Sprache wird als Eingabeinterface immer bedeutsamer. Das Wall Street Journal konstatiert Mitte 2017 bereits das Ende der geschriebenen Sprache im Netz:

> »Instead of typing searches and emails, a wave of newcomers […] is avoiding text, using voice activation and communicating with images.« (Bellmann, 2017, o. S.)

Dies bedeutet nicht, dass textbasierte Onlineberatung künftig vom Aussterben bedroht ist – telefonische und Face-to-Face-Beratung im Übrigen auch nicht. Es deutet jedoch darauf hin, dass die Nutzungspräferenzen unterschiedlicher Nutzergruppen sich verändern und sich daraus auch Implikationen für die Weiterentwicklung der Onlineberatung ergeben. Onlineberatungssoftware wird in der Lage sein müssen, per Spracheingabe Texte zu erzeugen oder aber Aufzeichnungen sicher zu übertragen. Berater*innen wiederum müssen sich methodische Kompetenzen aneignen, die ihnen ermöglichen, mit einem eingesprochenen Text umzugehen. Denn dieser unterscheidet sich wiederrum von einem getippten Text aufgrund der Unterschiede von gesprochener und geschriebener Sprache (Engelhardt & Storch, 2013). Aber auch das Hören und Verarbeiten von Sprachnachrichten und eine entsprechende Reaktion darauf wird Berater*innen mit neuen Kommunikationssituationen konfrontieren.

Dies mag auf den ersten Blick nach einer unzumutbaren Überforderung klingen, da sich Berater*innen ständig auf dem neusten Stand der Technik befinden müssten. Dies ist in gewisser Hinsicht auch richtig. Und so geht es weniger darum, alles zu kennen und alles zu können, sondern vielmehr, den Chancen dieser technologischen Möglichkeiten grundsätzlich offen gegenüberzustehen und ein Interesse an der Erweiterung des eigenen Beratungsrepertoires zu zeigen. Denn, was wäre es nicht für ein möglicher Gewinn für eine*n kognitiv eingeschränkte*n Klient*in, eine Sprachnachricht zu senden, bei der er*sie weder der Fachkraft in die Augen schauen müsste noch durch mimische Regungen oder Unterbrechungen gestört würde? Die Versuche von Onlineberatung in leichter Sprache haben gezeigt, dass diese Angebote von der anvisierten Zielgruppe kaum genutzt werden. Eine sprachgesteuerte Möglichkeit, an einem Onlineberatungsangebot zu partizipieren, könnte hier eine Lösung darstellen, bestimmte Zielgruppen zu gewinnen.

Die Erweiterungen der Onlineberatung, die sich durch neue technische Möglichkeiten ergeben, sollten also kritisch geprüft und hinterfragt und nicht kategorisch abgelehnt werden.

## 11.5 Zukunftsaufgaben für die psychosoziale Beratung

Der durch die zunehmende Mediatisierung und Digitalisierung in Gang gesetzte Wandel wird enorme Auswirkungen auf unser alltägliches und berufliches Leben haben. Während einiges bereits absehbar ist und unter Schlagworten wie »digitaler Stress« zum Ausdruck kommt, ist manches noch vollkommen unklar.

Psychosoziale Beratung unterliegt diesem Wandel ebenso und wird sich in Zukunft mit neuen Fragestellungen konfrontiert sehen, auf die Antworten gefunden werden müssen. So wird es darum gehen, durch adäquate Angebote zukunftsfähig zu bleiben und unterschiedliche Zugangswege zur professionellen Beratung zu schaffen. Es müssen konzeptionelle Überlegungen angestellt werden und Finanzierungsproblematiken geklärt werden, um Rahmenbedingungen zu schaffen, die qualitativ hochwertige Arbeit im Sinne der Ratsuchenden sicherstellen.

Daher wird auch im Bereich der Ausbildung von psychosozialen Beratungsfachkräften ein Wandel stattfinden müssen: Berater*innen benötigen in

Zukunft neben Kompetenzen in medial unterstützter Beratung auch Fachwissen über die Auswirkungen, die der mediale und digitale Wandel mit sich bringt. Die Lebenswelten der Klient*innen unterliegen einem Transformationsprozess, aus dem sich neue Fragestellungen und Problemkonstellationen für die Beratung ergeben. Und so gilt für psychosoziale Berater*innen am Puls der Zeit:

> »Medien im McLuhanschen Sinne sind kein Spezialbereich der Sozialen Arbeit, sondern rücken durch ihren Einfluss auf die Wahrnehmung von Welt ins Zentrum einer Lebensweltorientierten Sozialen Arbeit.« (Fischer-Gese, 2016, S. 333)

Es wäre wünschenswert, dass so auch die Onlineberatung in Zukunft ihren teils noch vorhandenen Exotenstatus verliert und als selbstverständliches Instrument das Portfolio psychosozialer Beratung ergänzt.

# Literatur


Adams, K. (1990): Journal to the Self: Twenty-Two Paths to Personal Growth – Open the Door to Self-Understanding by Writing, Reading, and Creating a Journal of Your Life. New York: Grand Central Publishing

ARD/ZDF-Arbeitsgruppe Multimedia (Hrsg.) (1999): ARD/ZDF-Online-Studie 1999: Wird Online Alltagsmedium? Verfügbar unter: http://www.ard-zdf-onlinestudie.de/fileadmin/Onlinestudie_1999/Online99_Nutzung.pdf (aufgerufen 14.06.2017)

Andermatt, O.,/Flury, A./Eidenbenz, F./Lang, J./Theunert, M. (2003): Kompetenzprofil der psychologischen Online-BeraterInnen. Verfügbar unter: http://onlineberatungen.com/Kompetenzprofil-KOB.pdf (aufgerufen 28.04.2017)

Bandelow, B. et al. (2014): Deutsche S3-Leitlinie Behandlung von Angststörungen – Kurzversion. Verfügbar unter: http://www.awmf.org/uploads/tx_szleitlinien/051–028k_S3_Angstst%C3 %B6rungen_2014–05_1_01.pdf (aufgerufen 03.04.2018)

Barak, A. & Grohol, J. M. (2011): Current and Future Trends in Internet-Supported Mental Health Interventions. Journal of Technology in Human Services, 29 (3), S. 155–196

Baumeister, H./Lin, J./Ebert, D. (2017): Internet- und mobilebasierte Ansätze. Verfügbar unter: DOI 10.1007/s00103-017-2518-9 (aufgerufen 03.04.2018)

Beck, K. (2010): Soziologie der Online-Kommunikation. In: Schweiger, W. & Beck, K. (Hrsg.): Handbuch Online-Kommunikation (S. 15–35). Wiesbaden: VS

Bellmann, E. (2017): The End of Typing: The next billion mobile users will rely on video and voice. The Wall Street Journal vom 7. August 2017. Verfügbar unter: https://www.wsj.com/articles/the-end-of-typing-the-internets-next-billion-users-will-use-video-and-voice-1502116070?mod=e2 tw (aufgerufen 12.01.2018)

Benke, K. (2010): … auf Augenhöhe: Rundumblicke zu Peer-Online-Beratung. E-Beratungsjournal, 6 (1), S. 1–18. Verfügbar unter: http://www.e-beratungsjournal.net/ausgabe_0110/benke.pdf (aufgerufen 06.04.2018)

Benke, K. (2014): Digitale Beratung: online beraten. Duisburg: WiKu-Wissenschaftsverlag

Berger, T. (2015): Internetbasierte Interventionen bei psychischen Störungen. Göttingen: Hogrefe

Bitkom (Hrsg.) (2017): Sieben von zehn Berufstätigen sind im Urlaub erreichbar. Verfügbar unter: https://www.bitkom.org/Presse/Presseinformation/Sieben-von-zehn-Berufstaetigen-sind-im-Urlaub-erreichbar.html (aufgerufen 27.07.2017)

Bond, T. (2015): Ethical Framework for the Counselling Professions Supplementary Guidance. Verfügbar unter: https://www.bacp.co.uk/media/2162/bacp-working-online-supplementary-guidance-gpia047.pdf (aufgerufen 03.04.2018)

Brunner, A. (2006): Methoden des digitalen Lesens und Schreibens in der Online-Beratung. E-Beratungsjournal, 2 (2), S. 1–13. Verfügbar unter: http://www.e-beratungsjournal.net/ausgabe_0206/brunner.pdf (aufgerufen 06.04.2018)

Brunner, A.,/Engelhardt, E./Heider, T. (2009): Foren-Beratung. In: Kühne, S. & Hintenberger, G. (Hrsg.): Handbuch Online-Beratung. Psychosoziale Beratung im Internet (S. 79–90). Göttingen: Vandenhoeck & Ruprecht

Bundesarbeitsgemeinschaft der Freien Wohlfahrtspflege (Hrsg.) (2017): Digitale Transformation und gesellschaftlicher Zusammenhalt – Organisationsentwicklung der Freien Wohlfahrtspflege unter den Vorzeichen der Digitalisierung. Verfügbar unter: https://www.awo.org/sites/default/files/2017-09/170907_strateg_Partnerschaft_Digitalisierung_BAGFW_BMFSFJ.pdf (aufgerufen 11.01.2018)

Bundeskonferenz der Erziehungsberatung (Hrsg.) (2016): Das Konzept der bke-Onlineberatung für Jugendliche und Eltern. Verfügbar unter: http://www.bke.de/content/application/explorer/public/virtuelle-beratungsstelle/2016/konzept-bke-onlineberatung-2016.pdf (aufgerufen 15.05.2017)Busemann, K. & Gscheidle, C. (2009): Web 2.0: Communitys bei jungen Nutzern beliebt. Media Perspektiven 7/2009, S. 356–364. Verfügbar unter: http://www.ard-zdf-onlinestudie.de/files/2009/Busemann_7_09.pdf (aufgerufen 06.04.2018)

Dengler, K. & Matthes, B. (2015): Folgen der Digitalisierung für die Arbeitswelt. Substituierbarkeitspotenziale von Berufen in Deutschland. Verfügbar unter: http://doku.iab.de/forschungsbericht/2015/fb1115.pdf (aufgerufen 12.01.2018)

Deutscher Arbeitskreis für Jugend-, Ehe- und Familienberatung (Hrsg.) (2010): Qualitätsstandards für die psychosoziale und psychologische Beratung im Internet. Verfügbar unter: https://www.bundesanzeiger-verlag.de/fileadmin/FamSoz-Portal/Dokumente/bke_Qualitaetsstandards_Internet_1285742549_Info_2_2010_S15_17_Doku.pdf (aufgerufen 05.06.2017)

DGOB e. V. (Hrsg.) (2016): Vereinssatzung. Verfügbar unter: http://dg-onlineberatung.de/vereinszweck/satzung/(aufgerufen 28.04.2017)

Döring, N. (1999): Sozialpsychologie des Internet: die Bedeutung des Internet für Kommunikationsprozesse, Identitäten, soziale Beziehungen und Gruppen. Göttingen: Hogrefe

Döring, N. (2000): Identität + Internet = Virtuelle Identität? forum medienethik, (2), S. 65–75. Verfügbar unter: https://www.lmz-bw.de/fileadmin/user_upload/Medienbildung_MCO/fileadmin/bibliothek/doering_identitaet/doering_identitaet.pdf (aufgerufen 06.04.2018)

Dudenredaktion (Hrsg.) (2017): Duden – Die deutsche Rechtschreibung. Berlin: Bibliographisches Institut

Dzeyk, W. (2007): Vertrauen in Internetangebote: Glaubwürdigkeitsindikatoren bei der Nutzung von Online-Therapie- und Online-Beratungsangeboten. Saarbrücken: VDM Müller

Eberhart, H. (2006): Beratung und Sprache. In: Bürgi, A. & Eberhart, H. (Hrsg.): Beratung als strukturierter und kreativer Prozess – Ein Lehrbuch für die ressourcenorientierte Praxis. (S. 124–145). Göttingen: Vandenhoeck & Ruprecht

Egli, N. (2015): Herausforderungen von Peer-Beratenden in der Online-Suizidprävention – Ergebnisse einer qualitativen Forschungsarbeit über die Beratungstätigkeit bei [U25]. E-Beratungsjournal, 11 (1), S. 24–35. Verfügbar unter: http://www.e-beratungsjournal.net/ausgabe_0115/egli.pdf (aufgerufen 06.04.2018)

Eichenberg, C. (2007): Online-Sexualberatung: Wirksamkeit und Wirkweise. Evaluation eines Pro-Familia-Angebots. Zeitschrift für Sexualforschung, 20 (3), S. 247–262. Verfügbar unter: http://www.sainetz.at/dokumente/beratung/Online_Sexualberatung_Wirksamkeit_und_Wirkweise.pdf (aufgerufen 06.04.2018)

Eichenberg, C. (2011): Psychotherapie und Internet. Psychotherapeut, 6, S. 468–474. Verfügbar unter: DOI 10.1007/s00278-011-0865-9 (aufgerufen 06.04.2018)

Eichenberg, C. (2012): Psychische Gesundheit und Internet – E-Mental-Health: Digitale Medien verändern Therapie. Deutsches Ärzteblatt PP, 11 (3), S. 132–133. Verfügbar unter: https://www.aerzteblatt.de/archiv/123666/Psychische-Gesundheit-und-Internet-E-mental-Health-Digitale-Medien-veraendern-Therapie (aufgerufen 06.04.2018)

Eichenberg, C. & Brähler, E. (2013): Das Internet als Ratgeber bei psychischen Problemen. Eine bevölkerungsrepräsentative Befragung in Deutschland. Psychotherapeut, 1, S. 63–72

Eichenberg, C. & Kühne, S. (2014): Einführung in die Onlineberatung und -therapie. München: Ernst Reinhardt

Eidenbenz, F. (2009): Standards in der Online-Beratung. In: Kühne, S. & Hintenberger, G. (Hrsg.): Handbuch Online-Beratung. Psychosoziale Beratung im Internet (S. 213–227). Göttingen: Vandenhoeck & Ruprecht

Eimeren van, B. & Frees, B. (2005): Nach dem Boom: Größter Zuwachs in internetfernen Gruppen. Media Perspektiven, 8, S. 362–379. Verfügbar unter: http://www.ard-zdf-onlinestudie.de/files/2005/Online05_Nutzung.pdf (aufgerufen 06.04.2018)

Eimeren van, B. & Frees, B. (2009): Der Internetnutzer 2009 – multimedial und total vernetzt? Media Perspektiven, 7, S. 334–348. Verfügbar unter: http://www.ard-zdf-onlinestudie.de/files/2009/Eimeren1_7_09.pdf (aufgerufen 06.04.2018)

Eimeren van, B. & Frees, B. (2010): Fast 50 Millionen Deutsch online – Multimedia für Alle? Media Perspektiven, 7–8, S. 334–349. Verfügbar unter: http://www.ard-zdf-onlinestudie.de/files/2010/07-08-2010_van_Eimeren.pdf (aufgerufen 06.04.2018)

Eimeren van, B./Gerhard, H./Frees, B. (2003): Internetverbreitung in Deutschland: Unerwartet hoher Zuwachs. Media Perspektiven, 8, S. 338–358. Verfügbar unter: http://www.ard-werbung.de/fileadmin/user_upload/media-perspektiven/pdf/2003/08-2003_Eimeren_verbessert_neu.pdf (aufgerufen 06.04.2018)

Eimeren van, B./Oehmichen, E./Schröter, C. (1997): ARD-Online-Studie 1997: Onlinenutzung in Deutschland. Verfügbar unter: http://www.ard-zdf-onlinestudie.de/fileadmin/Onlinestudie_1997/Online97.pdf (aufgerufen 03.04.2018)

Engel, F. (2004): Beratung und Neue Medien. In Nestmann, F./Engel, F./Sieckendiek, U. (Hrsg.): Das Handbuch der Beratung. Band 1: Disziplinen und Zugänge (S. 497–508). Tübingen: DGVT-Verlag

Engelhardt, E. (2010): Same Same But Different – Partizipation von ehrenamtlichen Peer-BeraterInnen in der Online-Beratung bei kids-hotline. E-Beratungsjournal, 6 (1), S. 1–10. Verfügbar unter: http://www.e-beratungsjournal.net/ausgabe_0110/engelhardt.pdf (aufgerufen 06.04.2018)

Engelhardt, E. (2011): Du kannst keine Nachricht ohne Inhalt senden. Überlegungen zu einem systemischen Beratungsansatz für die Online-Beratung. E-Beratungsjournal, 7 (1), S. 1–11. Verfügbar unter: http://www.e-beratungsjournal.net/ausgabe_0111/engelhardt.pdf (aufgerufen 06.04.2018)

Engelhardt, E. (2013): Qualitätsmerkmale guter Onlineberatung – Aktuelle Anforderungen an Forschung und Praxis. Zeitschrift für systemische Therapie und Beratung, 31 (3), S. 111–115. Verfügbar unter: https://onlinecoachingblog.wordpress.com/2014/08/01/artikel-zu-den-qualitatsmerkmalen-guter-onlineberatung/(aufgerufen 06.04.2018)

Engelhardt, E. (2014a): Online-Supervision – Neue Perspektiven für die Praxis. Kontext – Zeitschrift für systemische Therapie und Familientherapie, 45 (2), S. 172–185. Verfügbar unter: https://www.dgsf.org/service/wissensportal/online-supervision-neue-perspektiven-fuer-die-praxis-2014 (aufgerufen 06.04.2018)

Engelhardt, E. (2014b): Update im System: Online-Supervision. Interdisziplinäre Zeitschrift für systemtheoretisch orientierte Forschung und Praxis in den Humanwissenschaften, 28 (2), S. 129–146. Verfügbar unter: http://www.oeas.at/fileadmin/root_oeas/service/systeme/volltexte_2_2014/2_2014_Engelhardt_Update_im_System.pdf (aufgerufen 06.04.2018)

Engelhardt, E. & Gerner, V. (2017): Einführung in die Onlineberatung per Video. E-Beratungsjournal, 13 (1), S. 18–29. Verfügbar unter: http://www.e-beratungsjournal.net/ausgabe_0117/Engelhardt_Gerner.pdf (aufgerufen 06.04.2018)

Engelhardt, E. & Reindl, R. (2016): Blended Counseling – Beratungsform der Zukunft? Resonanzen. E-Journal für biopsychosoziale Dialoge in Psychotherapie, Supervision und Beratung, 4 (2), S. 130–144. Verfügbar unter: http://www.resonanzen-journal.org/index.php/resonanzen/article/view/393 (aufgerufen 06.04.2018)

Engelhardt, E. & Storch, S. (2013). Was ist Onlineberatung? – Versuch der systematischen begrifflichen Einordnung der ›Beratung im Internet‹. E-Beratungsjournal, 9 (2), S. 1–12. Verfügbar unter: http://www.e-beratungsjournal.net/ausgabe_0213/engelhardt_storch.pdf (aufgerufen 06.04.2018)

European Commission (2012): Communication from the Commission to the European Parliament, the Council, the European Economic and Social Committee and the Committee of the Regions eHealth Action Plan 2012–2020 – Innovative healthcare for the 21st century. Verfügbar unter: http://eur-lex.europa.eu/legal-content/EN/TXT/?uri=celex%3A52012DC0736 (aufgerufen 15.05.2017)

Fieseler, K. & Hentschel, K. (2011): Online systemisch beraten. E-Beratungsjournal, 7 (2), S. 1–15. Verfügbar unter: http://www.e-beratungsjournal.net/ausgabe_0211/fiescler_hentschel.pdf (aufgerufen 06.04.2018)

Fischer-Gese, T. (2016): Medien und Lebenswelt. In: Grunwald, K. & Thiersch, H. (Hrsg.) (2016): Praxishandbuch Lebensweltorientierte Soziale Arbeit (S. 326–339). Weinheim: Beltz Juventa

Gehlen von, D. (2013): Wie wir kommunizieren können. Verfügbar unter: http://www.sueddeutsche.de/digital/digitales-morgen-wie-wir-kommunizieren-koennen-1.1836504 (aufgerufen 29.03.2018)

Gehrmann, H. J. (2010): Onlineberatung – Eine Herausforderung für die Soziale Arbeit. In: Cleppin, G. & Lerche, U. (Hrsg.): Soziale Arbeit und Medien (S. 105–115). Wiesbaden: VS

Grajczyk, A. & Mende, A. (2000): Nichtnutzer von Online: Zugangsbarrieren bleiben bestehen. Media Perspektiven, 8, S. 350–358. Verfügbar unter: http://www.ard-zdf-onlinestudie.de/fileadmin/Onlinestudie_2000/Online00_Offline.pdf (aufgerufen 14.06.2017)

Heider, T. (2008): Prozesse in der Chatberatung. E-Beratungsjournal, 4 (2), S. 1–10. Verfügbar unter: http://www.e-beratungsjournal.net/ausgabe_0208/heider.pdf (aufgerufen 06.04.2018)

Heimes, S. (2008): Kreatives und Therapeutisches Schreiben. Ein Arbeitsbuch. Göttingen: Vandenhoeck & Ruprecht

Heimes, S. (2014): Schreiben als Selbstcoaching. Göttingen: Vandenhoeck & Ruprecht

Helbig, C. (2017): Die Mediatisierung professionellen Handelns. Zur Notwendigkeit von Handlungskompetenzen im Kontext digitaler Medien in der Sozialen Arbeit. MedienPädagogik, 27, S. 133–152. Verfügbar unter: DOI:10.21240/mpaed/27/2017.04.06.X. (aufgerufen 29.03.2018)

Hild, E. (2008): Supervision der Mailberatung. In: Bundeskonferenz für Erziehungsberatung (Hrsg.) Erziehungs- und Familienberatung im Internet (S. 20–23). Verfügbar unter: http://www.bke.de/content/application/explorer/public/virtuelle-beratungsstelle/projektbericht-2008.pdf (aufgerufen 05.06.2017)

Hinsch, R. & Schneider, C. (2002): Evaluationsstudie zum Projekt »Psychologische und sozialpädagogische Beratung nach dem KJHG im Internet«. Verfügbar unter: http://www.mediathek.jhj.de/PDF/Evaluationsstudie-www.beranet.de/Evaluationsstudie-Onlineberatungfinal.pdf (aufgerufen 08.05.2017)

Hintenberger, G. (2009): Der Chat als neues Beratungsmedium. In: Kühne, S. & Hintenberger, G. (Hrsg.): Handbuch Online-Beratung. Psychosoziale Beratung im Internet (S. 69–78). Göttingen: Vandenhoeck & Ruprecht

Höllriegel, K. (2013): Online-Supervision – Potentiale und Restriktionen. E-Beratungsjournal, 9 (1), S. 1–23. Verfügbar unter: http://www.e-beratungsjournal.net/ausgabe_0113/hoellriegel.pdf (aufgerufen 06.04.2018)

Justen-Horsten, A. & Paschen, H. (2016): Online-Interventionen in Therapie und Beratung. Ein Praxisleitfaden. Weinheim: Beltz
Klampfer, F. (2005): Per Mausklick in die Supervision. E-Beratungsjournal, 1 (1), o. S. Verfügbar unter: http://www.e-beratungsjournal.net/ausgabe_0105/klampfer.pdf (aufgerufen 06.04.2018)
Klein, A. (2008): Soziales Kapital Online. Soziale Unterstützung im Internet. Eine Rekonstruktion virtualisierter Formen sozialer Ungleichheit. Verfügbar unter: https://pub.uni-bielefeld.de/publication/2301811 (aufgerufen 15.06.2017)
Klein, A. (2015): Soziale Unterstützung Online – Unterstützungsqualität und Professionalität. In: Kutscher, N./Ley, T./Seelmeyer, U. (Hrsg.). Mediatisierung (in) der Sozialen Arbeit. (S. 130–150). Hohengehren: Schneider
Knatz, B. (2007): Wahr ist was wirkt? Inszenierungen und Fakes in der Onlineberatung. E-Beratungsjournal, 3 (1), S. 1–9. Verfügbar unter: http://www.e-beratungsjournal.net/ausgabe_0107/knatz.pdf (aufgerufen 06.04.2018)
Knatz, B. (2008): Zwischen den Zeilen. E-Beratungsjournal, 4 (1), S. 1–13. Verfügbar unter: http://www.e-beratungsjournal.net/ausgabe_0108/knatz.pdf (aufgerufen 06.04.2018)
Knatz, B. (2009): Das Vier-Folien-Konzept. In: Kühne, S. & Hintenberger, G. (Hrsg.): Handbuch Online-Beratung. Psychosoziale Beratung im Internet (S. 105–115). Göttingen: Vandenhoeck & Ruprecht
Knatz, B. (2013): Handbuch Internetseelsorge. Gütersloh: Gütersloher Verlagshaus
Knatz, B. & Dodier, B. (2003): Hilfe aus dem Netz. Theorie und Praxis der Beratung per E-Mail. Stuttgart: Pfeiffer bei Klett-Cotta
Koch, P. & Oesterreicher, W. (1985): Sprache der Nähe – Sprache der Distanz. Mündlichkeit und Schriftlichkeit im Spannungsfeld von Sprachtheorie und Sprachgeschichte. In: Romanistisches Jahrbuch, Band 36 (S. 15–43). Berlin: Walter de Gruyter
Koch, W. & Frees, B. (2016): Dynamische Entwicklung bei mobiler Internetnutzung sowie Audios und Videos. Media Perspektiven, 9, S. 418–437. Verfügbar unter: http://www.ard-zdf-onlinestudie.de/files/2016/0916_Koch_Frees.pdf (aufgerufen 06.04.2018)
König, E. u. Volmer, G. (1996): Systemische Organisationsberatung. Grundlagen und Methoden. Weinheim: Deutscher Studien Verlag
Krotz, F. (2008): Kultureller und gesellschaftlicher Wandel im Kontext des Wandels von Medien und Kommunikation. In: Thomas, T. (Hrsg.): Medienkultur und soziales Handeln (S. 43–62). Wiesbaden: VS
Krüger-Brand, H. E. (2016): Hinweise zur Fernbehandlung. Deutsches Ärzteblatt, 113 (1–2), S. 8–9. Verfügbar unter: https://www.aerzteblatt.de/archiv/173501/Telemedizin-Hinweise-zur-Fernbehandlung (aufgerufen 06.04.2018)
Kutscher, N./Ley, T./Seelmeyer, U. (2015): Mediatisierung (in) der Sozialen Arbeit. In: Kutscher, N./Ley, T./Seelmeyer, U. (Hrsg.): Mediatisierung (in) der Sozialen Arbeit (S. 3–15). Hohengehren: Schneider
Kühne, S. (2012): Qualitätsmanagement in der psychosozialen Onlineberatung. Master-These. Verfügbar unter: http://webthesis.donau-uni.ac.at/thesen/91457.pdf (aufgerufen 07.05.2017)
Kühne, S. & Hintenberger, G. (2009): Handbuch Online-Beratung. Psychosoziale Beratung im Internet. Göttingen: Vandenhoeck & Ruprecht
Lang, J. (2002): Onlineberatung ist anders – Möglichkeiten und Grenzen einer neuen Beratungsform. Verfügbar unter: http://onlineberatungen.com/Onlineberatung_anders.pdf (aufgerufen 08.05.2017)
Lang, J. (2004): Der hermeneutische Ansatz bei E-Mailberatung. Unveröffentlichtes Manuskript.
Lang, J. (2015): Wo steht die Onlineberatung/-therapie in 10 Jahren? E-Beratungsjournal, 11 (2), S. 93–104. Verfügbar unter: http://www.e-beratungsjournal.net/ausgabe_0215/lang.pdf (aufgerufen 06.04.2018)

Lambert, K. & Nossairi, N. (2013): Onlinesupervision – deutlich mehr als Supervision online. Zeitschrift für systemische Therapie und Beratung, 31 (3), S. 116–120

McLeod, J. (2004): Counselling – eine Einführung in Beratung. Tübingen: DGVT-Verlag

Medienpädagogischer Forschungsverbund Südwest (Hrsg.): JIM 2016 – Jugend, Information, (Multi-)Media. Verfügbar unter: http://www.mpfs.de/fileadmin/files/Studien/JIM/2016/JIM_Studie_2016.pdf (aufgerufen 27.07.2017)

Misoch, S. (2006): Online-Kommunikation. Konstanz: UVK Verlagsgesellschaft mbH

Mitgliederversammlung der KBK-EFL (Hrsg.) (2012): Fachliche Rahmenbedingungen für Onlineberatung – Qualitätsstandards. Verfügbar unter: http://www.katholische-beratung.de/fileadmin/user_upload/Fachliche_Rahmenbedingungen_Onlineberatung_16.11.2012.pdf (aufgerufen 15.05.2017)

Nestmann, F. (2007): Beratungsmethoden und Beratungsbeziehung. In: Nestmann, F./Engel, F./Sieckendiek, U. (Hrsg.): Das Handbuch der Beratung. Band 2: Ansätze, Methoden und Felder (S. 783–795). Tübingen: DGVT-Verlag

Nestmann, F. (2008): Die Zukunft der Beratung in der Sozialen Arbeit. Beratung Aktuell. Fachzeitschrift für Theorie und Praxis der Beratung, 9 (2), S. 1–25.

Nestmann, F. & Sickendiek, U. (2001): Beratung. In: Otto, H.-U. & Thiersch, H. (Hrsg.): Handbuch der Sozialarbeit/Sozialpädagogik (2. Aufl., S. 140–152). München: Luchterhand

Oehmichen, E. & Schröter, C. (2000): Fernsehen, Hörfunk, Internet: Konkurrenz, Konvergenz oder Komplement? Verfügbar unter: http://www.ard-zdf-onlinestudie.de/fileadmin/Onlinestudie_2000/Online00_Folgerungen.pdf (aufgerufen 14.06.2017)

Pro-familia Bundesverband (Hrsg.) (2004): Standards zur Qualitätssicherung der Online-Beratung bei pro familia. Verfügbar unter: https://www.profamilia.de/interaktiv/online-beratung.html (aufgerufen 15.05.2017)

Projektgruppe ARD/ZDF-Multimedia (Hrsg.) (2017): ARD/ZDF-Onlinestudie Kern-Ergebnisse. Verfügbar unter: http://www.ard-zdf-onlinestudie.de/files/2017/Artikel/Kern-Ergebnisse_ARDZDF-Onlinestudie_2017.pdf (aufgerufen 18.01.2018)

Reindl, R. (2009): Onlineberatung – zur digitalen Ausdifferenzierung von Beratung. Journal für Psychologie, 17(1), S. 1–19. Verfügbar unter: https://www.journal-fuer-psychologie.de/index.php/jfp/article/view/150/151 (aufgerufen 06.04.2018)

Reindl, R. (2015): Psychosoziale Onlineberatung – von der praktischen zur geprüften Qualität. E-Beratungsjournal, 11 (1), S. 55–68. Verfügbar unter: http://www.e-beratungsjournal.net/ausgabe_0115/reindl.pdf (aufgerufen 06.04.2018)

Reindl, R./Hergenreider, M./Hünniger, J. (2012): Schriftlichkeit in virtuellen Beratungssettings. In: Geißler, H. & Metz, M.: E-Coaching und Online-Beratung. Formate, Konzepte, Diskussionen. S. 339–357. Wiesbaden: VS

Reiners, B. (2009): Supervision von Online-Beratung. Supervision, Mensch, Arbeit, Organisation, 20 (1), S. 42–54

Risau, P. (2009): Die Wahl der Technik. Standards und Anforderungen an technische Lösungen zur Online-Beratung. In: Kühne, S. & Hintenberger, G. (Hrsg.): Handbuch Online-Beratung. Psychosoziale Beratung im Internet (S. 201–211). Göttingen: Vandenhoeck & Ruprecht

Schaffmann, C. (2001): Erste Qualitätszeichen für psychologische Online-Beratung vergeben. Pressemitteilung. Verfügbar unter: http://www.bdp-verband.org/bdp/presse/2001/prsiegel.shtml (aufgerufen 08.05.2017)

Schäfter, C. (2010): Die Beratungsbeziehung in der Sozialen Arbeit: eine theoretische und empirische Annäherung. Wiesbaden: VS

Schlippe von, A. (o. J.): Verwechslung von Anlass, Anliegen, Auftrag und Kontrakt. Mein erster Tag als Psychologe in der Kinderpsychiatrie. Verfügbar unter: http://www.systemagazin.de/beitraege/erstesmal/03_von_schlippe.php (aufgerufen 05.04.2018)

Schlippe von, A. & Schweitzer, J. (2007): Lehrbuch der systemischen Therapie und Beratung (10. Aufl.). Göttingen: Vandenhoeck & Ruprecht
Schwing, R. & Fryszer, A. (2009): Systemisches Handwerk. Werkzeug für die Praxis (3. Aufl.). Göttingen: Vandenhoeck & Ruprecht
Shazer de, S. (1992): Wege der erfolgreichen Kurzzeittherapie. Stuttgart: Klett-Cotta
Sickendiek, U./Engel, F./Nestmann, F. (2008): Beratung: eine Einführung in sozialpädagogische und psychosoziale Beratungsansätze (3. Aufl.). München: Juventa
Spitzer, M. (2012): Digitale Demenz: Wie wir uns und unsere Kinder um den Verstand bringen. München: Droemer Taschenbuch
Springer Gabler Verlag (Hrsg.) (2017): Gabler Wirtschaftslexikon, Stichwort: Digitalisierung. Verfügbar unter: http://wirtschaftslexikon.gabler.de/Archiv/-2046143105/digitalisierung-v3.html (aufgerufen 12.06.2017)
Suler, J. (2016): Psychology of the digital age. Humans become electric. Cambridge: Cambridge University Press
Sutter, T. (2010): Medienkompetenz und Selbstsozialisation im Kontext Web 2.0. In: Herzig, B./Meister, D./Moser, H./Niesyto, H. (Hrsg.): Jahrbuch Medienpädagogik 8. Medienkompetenz und Web 2.0 (S. 41–58). Wiesbaden: VS
Thiery, H. (2012): Mobile Kommunikation – Mobile Beratung? Beratung (von) unterwegs. In: Bundeskonferenz für Erziehungsberatung e. V. (Hrsg.), Jahresbericht 2012 (S. 25–27). Verfügbar unter: http://www.bke.de/content/application/explorer/public/virtuelle-beratungsstelle/online-projektbericht-2012-web.pdf (aufgerufen 03.04.2018)
Thiery, H. (2013): Folgt auf die Telematisierung des Alltags notwendiger Weise die Telematisierung der Beratung? Philosophische und mediensoziologische Überlegungen zur Zukunft der Beratung in einer von Medien überformten Kultur. Fokus Beratung, 23, S. 11–21
Tippelt, F. & Kupferschmitt, T. (2015): Social Web: Ausdifferenzierung der Nutzung – Potentiale für Medienanbieter. Media Perspektiven 10/2015, S. 442–452. Verfügbar unter: http://www.ard-zdf-onlinestudie.de/files/2015/10-15_Tippelt_Kupferschmitt.pdf (aufgerufen 06.04.2018)
Trägertreffen Onlineberatung (2011): Curriculum Onlineberatung. Verfügbar unter: http://dg-onlineberatung.de/wp-content/uploads/2017/01/Curriculum_Onlineberatung_Stand_2011.pdf (aufgerufen 15.05.2017)
Turkle, S. (1998): Leben im Netz – Identität in Zeiten des Internets. Reinbek: Rowohlt
Vogt, B. (2007): Schreiben, ein wirksamer Prozess. Acht Thesen zur Wirksamkeit und Effektivität von E-Mail-Beratung. E-Beratungsjournal, 3 (2), S. 1–8: Verfügbar unter: http://www.e--beratungsjournal.net/ausgabe_0207/vogt.pdf (aufgerufen 06.04.2018)
Vorderer, P. (2015): Der mediatisierte Lebenswandel. Permanetly online, permanently connected. Publizistik 60, S. 259–276. Verfügbar unter: DOI 10.1007/s11616-015-0239-3 (aufgerufen 12.06.2017)
Wandhoff, H. (2016): Was soll ich tun? Eine Geschichte der Beratung. Hamburg: Corlin
Warschburger, P. (2009): Beratungspsychologie. Heidelberg: Springer Medizin
Weinhardt, M. (2009): E-Mail-Beratung. Eine explorative Studie zu einer neuen Hilfeform in der Sozialen Arbeit. Wiesbaden: VS
Weinhardt, M. (2013): Zur Zukunft der Online-Beratung. E-Beratungsjournal, (9) 1, S. 1–12. Verfügbar unter: http://www.e-beratungsjournal.net/ausgabe_0113/weinhardt.pdf (aufgerufen 06.04.2018)
Weissenböck, S./Ivan, I./Lachout, S. (2006): Standards in der Onlineberatung – erarbeitet von den Einrichtungen kids-hotline (D), Partypack (D) und ChEck iT! (A). E-Beratungsjournal, (2) 1, o. S. Verfügbar unter: http://www.e-beratungsjournal.net/ausgabe_0106/lachout.pdf (aufgerufen 06.04.2018)

Weiß, S. (2013): Blended Counseling: Zielorientierte Integration der Off- und Onlineberatung. Hamburg: Diplomica Verlag

Well van, F. (2000): Psychologische Beratung im Internet: Vergleichende psychologische Untersuchung traditioneller Beratungsangebote mit der Internet-Beratung. Bergisch Gladbach: Ferger Verlag

Wenzel, J. (2006): Qualitätsmanagement mit integriertem Datenschutzmanagement bei Online-Beratung. E-Beratungsjournal, 2 (1), o. S. Verfügbar unter: http://www.e-beratungsjournal.net/ausgabe_0106/wenzel.pdf (aufgerufen 06.04.2018)

Wenzel, J. (2008). Vom Telefon zum Internet: Onlineberatung der Telefonseelsorge. In: Bauer, S. & Kordy, H. (Hrsg.): E-Mental Health. Neue Medien in der psychosozialen Versorgung. (S. 90–103) Berlin: Springer

Wenzel, J. (2013a): Neue Medien verändern die Beratungslandschaft nachhaltig. Zeitschrift für systemische Therapie und Beratung, 31 (3), S. 105–110. Verfügbar unter: https://www.dgsf.org/service/wissensportal/Neue%20Medien%20veraendern%20die%20Beratungslandschaft%20nachhaltig%20-2013.pdf (aufgerufen 06.04.2018)

Wenzel, J. (2013b): Wandel der Beratung durch neue Medien. Göttingen: V & R unipress

Wenzel, J. (2015): Mythos Unmittelbarkeit im Face-to-Face-Kontakt – Weiterentwicklung von Beratung und Therapie durch gezielte methodische Nutzung der Medien. E-Beratungsjournal, 11 (1), S. 36–54. Verfügbar unter: http://www.e-beratungsjournal.net/ausgabe_0115/wenzel.pdf (aufgerufen 06.04.2018)

Wenzel, J. (2018): Familien im Medienzeitalter. Digitalisierung in der Beratungspraxis. Göttingen: Vandenhoeck & Ruprecht

Werder, L. v. (1996): Erinnern, Wiederholen, Durcharbeiten. Die eigene Lebensgeschichte kreativ schreiben. Berlin: Schibri-Verlag

White, M. & Epston, D. (2006): Die Zähmung der Monster: der narrative Ansatz in der Familientherapie. Carl-Auer

Zenner, B. & Oswald, G. (2006): Onlineberatung im Bereich der Ehe-, Familien- und Lebensberatung – Eine Erhebung im Rahmendes Modellprojekts Onlineberatung der Katholischen Bundeskonferenz für Ehe-, Familien- und Lebensberatung (KBK). E-Beratungsjournal, 2 (1), o. S. Verfügbar unter: http://www.e-beratungsjournal.net/ausgabe_0106/zenner.pdf (aufgerufen 06.04.2018)

Link unter:
www.vandenhoeck-ruprecht-verlage.com/onlineberatung

Code für Download-Material:
8Gd3!3v4